MAXIMES ET RÉFLEXIONS DIVERSES

LA ROCHEFOUCAULD

MAXIMES
ET
RÉFLEXIONS DIVERSES

Chronologie, introduction,
établissement du texte, notes et variantes, index
par
Jacques Truchet

GF Flammarion

CHRONOLOGIE

1613 : Naissance du moraliste, à Paris, le 15 septembre. Il portera le titre de *prince de Marcillac* jusqu'à la mort de son père (1650); deviendra alors *duc de La Rochefoucauld*.

1628 : Mariage avec Andrée de Vivonne.

1629 : Première campagne militaire, en Italie (attaque du Pas de Suse).

1634 : Naissance de son fils aîné.

1635 : Deuxième campagne, dans la région de Liège. Exilé dans ses terres, de même que son père, il entre dans la cabale de la duchesse de Chevreuse.

1637 : Rocambolesque complot, tendant à enlever la reine, ainsi que Mlle de Hautefort. Arrestation. Une semaine à la Bastille. Nouvel exil.

1639 : Troisième campagne, en Flandre.

1642-1643 : Participation à la cabale des Importants.

1643-1646 : Nouvelles campagnes. En particulier batailles de Rocroi (1643) et de Mardick, à laquelle il est blessé (1646).

1646 : Début de sa liaison avec la duchesse de Longueville (elle durera jusqu'en 1651, et ils auront un fils en 1649). Devient gouverneur du Poitou.

1648-1653 : Frondeur, du parti de Condé, à partir de la fin de 1648 (cf. l'*Apologie de M. le prince de Marcillac*, écrite au début de 1649). Principales aventures : blessure près de Lagny (février 1649); après la paix de Rueil (mars 1649), obtient les « honneurs du Louvre », et le tabouret pour son épouse, mais ensuite révocation de ces privilèges; en 1650, pendant l'emprisonnement des princes, il organise la guerre civile, les troupes royales pillent et détruisent son château de Verteuil; paix à l'automne; il négocie la libération des princes (février 1651); signe avec eux un traité d'alliance (Saint-Maur, juillet 1651) et participe aux nouvelles guerres civiles de 1651 et 1652; blessure au combat du faubourg Saint-Antoine (juillet 1652); refuse une amnistie et s'exile (novembre 1652), mais rentre l'année suivante.

1659 : Rentré en grâce, il reçoit une pension royale (mais il ne sera jamais bien en cour). Publication, dans des recueils, de son autoportrait et d'un texte sur l'amour-propre repris plus tard en tête de la première édition des *Maximes* (voir la maxime supprimée n° 1). Première mention connue des maximes (dans une lettre à Mme de Sablé).

1662 : Publication des *Mémoires* (subreptice).

1663 : Confection de plusieurs copies des *Maximes*, sur lesquelles Mme de Sablé consulte un certain nombre de personnes.

1664 : Début de l'année (peut-être même fin de 1663) : publication en Hollande d'une édition subreptice des *Maximes*. 14 janvier : privilège pour les *Maximes*. 27 octobre : achevé d'imprimer de leur première édition officielle (datée de 1665). Il semble qu'on peut dater de cette époque le début de la grande amitié de La Rochefoucauld et de Mme de La Fayette.

1665 : Article de Mme de Sablé sur les *Maximes* dans le *Journal des Savants* (mars).

1666 : Deuxième édition des *Maximes*.

1667 : Ultime campagne militaire (La Rochefoucauld n'avait plus servi depuis la Fronde) : opérations devant Lille.

1669 : Grave attaque de goutte; cure sans succès à Barèges.

1670 : Mort de la duchesse de La Rochefoucauld.

1671 : Troisième édition des *Maximes*.

1672 : Au passage du Rhin, mort du quatrième fils légitime de La Rochefoucauld et de son fils naturel le duc de Longueville.

1674 : Achevé d'imprimer de la quatrième édition des *Maximes* (datée de 1675).

1675 : Composition du portrait du cardinal de Retz.

1678 : Mort de Mme de Sablé et publication de ses maximes ; mort de Jacques Esprit, dont *La Fausseté des vertus humaines* était en cours de publication. Cinquième édition des *Maximes*.

1680 : Mort, à Paris, de La Rochefoucauld (nuit du 16 au 17 mars).

INTRODUCTION

Un don : « il est aussi ridicule de vouloir faire des sentences sans en avoir la graine en soi que de vouloir qu'un parterre produise des tulipes quoiqu'on n'y ait point semé les oignons » (MP 9 [1]). Une maladie contagieuse : « La maladie que vous m'avez donnée des sentences... » (Mme de Sablé à La Rochefoucauld); « Je suis à la merci des sentences que vous avez suscitées pour troubler mon repos » (La Rochefoucauld à Jacques Esprit). Voilà comment l'auteur des *Maximes* et ses amis parlaient des « sentences ».

Ce don et cette maladie étaient à quelque degré ceux de toute une société. L'étude de la diffusion et du succès du livre le montre. Lire des maximes, ce n'était pas accueillir passivement une œuvre littéraire, mais engager une sorte de joute avec leur auteur, en même temps qu'avec soi-même; c'était les soumettre à un contrôle, essayer au besoin de les transformer, peut-être d'en créer d'autres. Les témoignages ne manquent pas : discussions à perte de vue attestées par Mme de Sévigné, — annonce faite par Corbinelli à Bussy-Rabutin qu'il a composé des remarques sur cent maximes du duc, — commentaire exhaustif, deux fois remis sur le métier, de la troisième édition des *Maximes* par la reine Christine de Suède (texte reproduit dans l'édition Garnier), — autre commentaire, réalisé par un contemporain anonyme dans les marges d'un exemplaire de l'édition posthume de 1693 (texte publié au XIXe siècle dans l'édition Duplessis)... Aucun genre ne semble avoir possédé alors un tel pouvoir de provocation : occasion d'une sorte de courrier des lecteurs, pour ne pas dire du cœur. La Fontaine comparait

1. MP : maxime posthume ; MS : maxime supprimée.

le « livre des *Maximes* » à un beau canal, miroir contre lequel on s'irrite mais dont on a peine à s'éloigner (*L'Homme et son image*, *Fables*, I, 11).

Ainsi s'explique la réussite, prolongée jusqu'à nos jours, d'une œuvre dont le titre aurait de quoi rebuter. Si une maxime avait été un précepte de morale, qui ouvrirait encore les *Maximes* ? Qui, d'ailleurs, les eût jamais ouvertes ? Mais il s'agissait de tout autre chose : de constatations, ou, si l'on préfère, de propositions. Aussi bien le mot *morale* lui-même ne désignait pas un code, mais une science, la *science des mœurs*, c'est-à-dire, selon la première édition du Dictionnaire de l'Académie, des « habitudes naturelles ou acquises pour le bien et le mal », en même temps que de « la manière de vivre », des « inclinations », des « coutumes » et des « lois différentes de chaque nation ». Les *moralistes* du XVIIᵉ siècle n'étaient pas des professeurs de morale, au sens actuel, mais bien plutôt des psychologues doublés de sociologues. « Voici un portrait du cœur de l'homme », annonce La Rochefoucauld en tête de sa première édition — un portrait pour lequel il ne souhaite qu'une grâce : la bonne foi d'un lecteur qui ne refuse pas a priori de se mettre en question (ce qui n'était pas peu demander, car « ce qui fait tant disputer contre les maximes qui découvrent le cœur de l'homme », c'est justement « que l'on craint d'y être découvert », MP 20).

Offerte au public pour qu'il se l'approprie, cette œuvre avait été préparée, effectivement, au contact d'un public, restreint sans doute, mais réel : sa genèse présente une dimension collective.

A vrai dire on touche là un paradoxe, qui pourrait bien constituer un élément fondamental du statut du moraliste : La Rochefoucauld était à la fois un homme éminemment sociable — l'on vantait sa politesse et son *honnêteté* — et un solitaire ; relation et retraite étaient vécues par lui simultanément et avec une égale intensité. Il ne se répandait pas dans les salons, et ce n'est pas, contrairement à ce qu'on a longtemps cru, dans l'un d'eux (celui de Mme de Sablé) que les *Maximes* ont pris naissance; simplement il échangeait, le plus souvent par écrit, des maximes avec quelques amis, avec deux surtout : Mme de Sablé et l'académicien Jacques Esprit. Dès les environs de 1660 on voit La Rochefoucauld et ces deux correspondants se communiquer assidûment des projets de *sentences*, s'interroger à leur sujet, se prier mutuellement de les améliorer; une collection se constitue, indivise d'abord : « notre volume », écrivent-ils. Bientôt le génie du duc s'affirme, son recueil personnel s'individualise, tandis que Mme de Sablé élabore de son côté une collection différente, mais la communication ne cesse pas et il continue à consulter ses amis, quitte à tenir peu de compte de leurs avis; des lettres conservées, un manuscrit (dit de Liancourt) en partie autographe témoignent de cette étape. Nouvelle étape en 1663 : on pense à une éventuelle publication; mais, là encore, on ne s'y risquera pas sans avoir pris contact avec un public; on constitue, parmi les relations de Mme de Sablé — gens du monde et ecclésiastiques — ce qu'on appellerait aujourd'hui un « échantillon », on fait établir des copies des maximes et on les soumet aux personnes choisies. Combien furent ainsi consultées ? Une dizaine ou davantage, puisque les « portefeuilles » du secrétaire de Mme de Sablé (Vallant) nous ont conservé au moins sept réponses, et que cinq des copies subsistent encore. On verra plus loin que cette consultation a été déterminante pour la manière dont fut lancée la première édition, parue chez Barbin sous la date de 1665, mais avec un achevé d'imprimer d'octobre 1664. Auparavant une édition subreptice, très fautive, avait vu le jour à La Haye (début 1664, peut-être même fin 1663), réalisée à partir d'une des copies de 1663.

L'histoire des *Maximes* ne s'arrête pas avec leur première publication officielle. La Rochefoucauld les réédita quatre fois, ne cessant d'y travailler et continuant à susciter les réactions d'amis. Première réédition en 1666; elle témoigne d'un travail de refonte très poussé et très critique; elle est plus courte que l'originale, plus homogène, plus franche peut-être. Les remaniements diminuèrent beaucoup avec la troisième édition (1671) et devinrent pratiquement nuls avec la quatrième (datée de 1675, mais avec un achevé d'imprimer de décembre 1674) : La Rochefoucauld s'y préoccupe surtout d'accroître le recueil, qui se trouva augmenté d'un tiers environ par rapport à la deuxième édition; à noter qu'il existe deux documents importants sur la composition de maximes nouvelles en vue de la quatrième : un échange de lettres entre l'auteur et Marie-Éléonore de Rohan, abbesse de Malnoue, à laquelle il soumit quarante-cinq maximes, et le supplément d'une édition posthume procurée par Barbin en 1693 (il est démontré que les maximes qui le constituent avaient été composées entre la troisième

et la quatrième édition). Enfin, en 1678, parut la cinquième édition, qui doit être tenue pour définitive non
seulement parce qu'elle se trouve être la dernière publiée
du vivant de l'auteur, mais parce que, contrairement à la
précédente, elle est le fruit d'une révision poussée de
l'ensemble du recueil.

A côté des *Maximes*, La Rochefoucauld a composé un
autre ouvrage, les *Réflexions diverses*, dont il importe de
déterminer les rapports avec elles. C'était l'habitude, dans
le petit groupe qui a donné naissance aux *Maximes* (on le
constate dans les écrits de Mme de Sablé et dans ceux de
Jacques Esprit), de faire alterner la composition de brèves
sentences avec celle de dissertations d'une certaine
ampleur, et les *Maximes* elles-mêmes en contiennent ou
en ont contenu (la première édition s'ouvrait sur un texte
de ce genre, la maxime supprimée n° 1, sur l'amour-
propre, et toutes s'achevèrent sur un autre, relatif au
mépris de la mort). Nous croyons — bien que cette opinion ne soit pas universellement partagée — que les
Réflexions diverses ont été écrites parallèlement aux
Maximes, et qu'il n'est pas impossible d'établir entre les
unes et les autres une série de rapprochements permettant
d'esquisser des premières une chronologie. C'est ainsi
que l'on décèlerait une parenté entre les réflexions I, II,
V et XIII et des maximes datant de l'époque 1660-1665,
tandis que les réflexions X et XI seraient des environs de
1670 et que les trois dernières ne remonteraient qu'aux
dernières années de la vie de l'auteur (certaines peuvent
d'ailleurs avoir été composées en plusieurs fois, notam-
ment la quatorzième et la seizième). Mais, contrairement
à ce qui s'est passé pour les *Maximes*, ni La Rochefoucauld ni ses amis ne semblent s'être beaucoup souciés de
la publication de ces textes qui, pour en être souvent très
proches, n'en marquaient pas moins certaines préoccupa-
tions assez différentes : proposition d'un art de vivre *(De
la Société, De l'Air et des Manières, De la Conversation,
De la Confiance)*, à tel point qu'on a pu y voir une contre-
partie positive des *Maximes*, — considérations, à la
manière de Montaigne, sur quelques particularités de
l'histoire ancienne ou contemporaine *(Des Exemples, Des
Modèles de la nature et de la fortune, Des Événements de ce
siècle)*. Cette partie, curieuse et variée, de l'œuvre du
moraliste n'a pas, à notre avis, suscité jusqu'ici l'intérêt
qu'elle mérite, et l'on devrait en tenir le plus grand
compte quand on étudie les *Maximes*.

Cette étude, à laquelle on travaille activement en France et hors de France, se heurte à de difficiles problèmes de clés et de sources. Du vivant même de l'auteur il avait été suggéré, d'une part qu'il systématisait dans ses maximes son propre tempérament et ses propres déceptions, d'autre part que son recueil n'était « qu'une collection de plusieurs livres d'où l'on a choisi les sentences, les pointes et les choses qui avaient plus de rapport au dessein de celui qui a prétendu en faire un ouvrage considérable » (jugement, anonyme, de l'un des destinataires des copies de 1663). L'érudition s'est déchaînée dans ces deux directions : pour l'éditeur des *Mémoires* dans la collection des Grands Écrivains de la France (Gourdault), les maximes ne sont vraies que « d'une vérité passagère et étroite, qui ne dépasse pas tel moment et tel personnage », et l'on ne doit pas « se laisser prendre » à leur « air de généralité »; pour l'auteur d'une *Clef des Maximes de La Rochefoucauld* (Dreyfus-Brisac), tout le livre se résout en une suite de réminiscences des auteurs les plus variés de l'Antiquité au XVIIe siècle. En pareil domaine, plus on cherche plus on trouve, et plus on est savant plus on risque d'être naïf; si quelques rapprochements, tant dans l'ordre de la vie que dans celui des lectures, sont évidemment fondés, dans combien de cas s'agit-il de rencontres purement verbales, ou de lieux communs d'une telle banalité que la recherche des sources bascule dans l'absurdité ? Un déblaiement s'imposait, et la critique moderne tend, en ce qui concerne La Rochefoucauld, à se libérer de la manie des sources comme de celle des clés.

Reste, et c'est en ce sens que la recherche doit désormais s'exercer, qu'il représente une époque et un milieu caractérisés par une culture originale et complexe, qu'il faudrait reconstituer en tenant compte de tout ce que sa génération et sa classe avaient traversé d'événements et de courants d'idées, sans oublier, bien entendu, les influences étrangères possibles (Castiglione ? Gracián ?...), sans oublier non plus que cette culture ne se nourrissait pas que de belles lettres ou de philosophie, mais également de science (travaux, par exemple, d'un Cureau de La Chambre, précurseur de la psycho-physiologie) et d'esthétique (considérations d'un Le Brun sur les rapports des hommes et des animaux, traités de perspective...). Il faudrait d'autre part tenir compte du fait que ces mondains, qui avaient eu dès l'adolescence une vie singulièrement remplie — guerres, conspirations —, n'étaient pas

des hommes de bibliothèque, et que les grands mouvements de la pensée ancienne ou moderne ne leur étaient
généralement connus que par extraits ou de seconde main.
Toutefois il ne faudrait pas exagérer en sens inverse et
décider a priori qu'un La Rochefoucauld n'a jamais pu
envisager un problème avec profondeur et sérieux.
Avouons-le : il n'est guère possible de mesurer, en
quelque domaine que ce soit, l'étendue ni la précision de
ses connaissances ; entre son affectation d'honnête homme
qui *ne se pique de rien* (« l'on voit bien que ce faiseur de
maximes n'est pas un homme nourri dans la province, ni
dans l'Université », notait un des lecteurs des copies de
1663) et les pesants commentaires de La Chapelle-Bessé
qui fait de lui, dans le discours placé en tête de la première édition, un Père de l'Église, où se place exactement
la vérité ?

Allons plus loin : les « sources » mises à part, dans quelle
mesure pouvons-nous parler d'une *pensée* de La Rochefoucauld ? C'est la tentation commune de ceux qui étu-
dient de tels textes, brefs et de nature non technique, que
de leur prêter un degré de précision idéologique dont ils
ne sont pas susceptibles. Un recueil de maximes — non
plus qu'un recueil de fables, une nouvelle, une pièce de
théâtre — n'est pas un traité. Trop d'éléments s'opposent
à ce qu'on le lise comme tel : outre la brièveté et la non-
technicité des énoncés, qui viennent d'être rappelées, il
faudrait prendre en compte la forme même de la maxime,
qui a le don d'effacer les nuances, de renforcer le trait,
de susciter le paradoxe. Il faudrait en outre prendre en
compte la diversité des curiosités de La Rochefoucauld :
quand on parle de sa pensée, on s'attache presque exclu-
sivement à la morale, voire à la théologie, et l'on privilégie
certains groupes de maximes ; mais les *Maximes* — et plus
encore les *Réflexions diverses* — parlent de beaucoup
d'autres choses. Il faudrait, surtout, prendre en compte
son humour et son goût de la mystification. Où a-t-on vu
qu'il se soit pris, et qu'il ait souhaité qu'on le prît, toujours au sérieux ? A quel système de pensée intégrer des
sentences telles que celle-ci : « Il est quelquefois agréable
à un mari d'avoir une femme jalouse : il entend toujours
parler de ce qu'il aime » (MP 48) ? Comment ne pas
reconnaître la part de fantaisie verbale qui entre dans certains textes, à commencer par le développement sur
l'amour-propre placé en tête de la première édition
(MS 1) ? Comment ne pas s'apercevoir que l'auteur se

moque volontiers du lecteur, et que certaines sentences ne sont guère que des trompe-l'œil ? A vouloir trop systématiser les *Maximes*, à en éliminer la part de fantaisie, les excursus, les hésitations, les contradictions même, on en fausse, à leur détriment, le caractère.

Gide en a fait l'expérience sur un point particulier, mais capital. En 1918 il avait cru devoir reprocher à La Rochefoucauld de *s'en tenir* à la dénonciation de l'amour-propre; trois ans plus tard, il s'accusait d'injustice et notait que « les maximes ayant trait à l'amour-propre sont de moindre intérêt que celles qui ne se rattachent à aucune théorie, à aucune thèse », et en 1938 il ajoutait : « Je n'en trouve que bien peu qui laissent en repos l'esprit du lecteur » *(Journal)*.

Il nous faut ici revenir à l'histoire de leur publication. S'il y a un état du texte qui puisse donner lieu à une interprétation systématique, c'est la première édition; après avoir affirmé, dans un Avis au lecteur, que le contenu des *Maximes* « n'est autre chose que l'abrégé d'une morale conforme aux pensées de plusieurs Pères de l'Église », l'éditeur — en fait l'auteur — laisse à un anonyme, l'obscur Henri de La Chapelle-Bessé, le soin d'en faire la démonstration en un *Discours sur les Réflexions ou Sentences et Maximes morales* : selon La Chapelle, le recueil se situait dans la pure ligne augustinienne et dénonçait le règne de l'amour-propre (l'amour de soi-même, opposé à l'amour de Dieu) caractéristique de la créature déchue non sauvée par la grâce; en tête des *Maximes* se trouvait effectivement un long texte sur l'amour-propre (MS 1). Mais quel crédit faut-il accorder à cette édition ? Elle ne correspond pas à l'esprit des *Maximes* tel que le révèlent tous les documents antérieurs, lettres, manuscrit de Liancourt, copies de 1663. Une contestation générale des vertus, voilà ce qui apparaissait alors (les copies, comme l'édition de Hollande qui en est issue, commencent par la fameuse phrase : « Les vices entrent dans la composition des vertus, comme les poisons entrent dans la composition des remèdes de la médecine »); d'où les réactions des personnes consultées par Mme de Sablé : étonnement, parfois même indignation, mais aussi, chez certains conseillers, ecclésiastiques et jansénistes manifestement, l'idée que cette contestation implique un appel à la conversion. Pourquoi, se demandait l'un d'eux, l'auteur ne l'a-t-il pas explicitement formulé ? C'est cette suggestion qui fut suivie, mais de mauvaise grâce de la part de

La Rochefoucauld, que le discours de La Chapelle-Bessé exaspérait (on possède des lettres à ce sujet). Effectivement, quelque chose sonne faux dans le recueil ; témoin la désinvolture de certaines phrases de l'Avis au lecteur, ainsi que le ton mondain et badin de la grande maxime liminaire sur l'amour-propre, peu en rapport avec le rôle qu'on voulait lui faire jouer (ne s'agissait-il pas d'un texte initialement destiné à un recueil précieux ?) Avec la seconde édition, tout change : le *discours* disparaît (les *Maximes*, déclare un nouvel Avis au lecteur, n'ont plus besoin d'« apologie ») ; tout au plus sera-t-il rappelé (toujours dans l'Avis au lecteur) que « celui qui les a faites n'a considéré les hommes que dans cet état déplorable de la nature corrompue par le péché » ; le texte liminaire sur l'amour-propre disparaît aussi, pour faire place à la maxime *Ce que nous prenons pour des vertus n'est souvent qu'un assemblage de diverses actions que la fortune arrange comme il lui plaît*, ce qui était revenir à l'esprit du projet de 1663. Plus tard s'ajoutera l'épigraphe *Nos vertus ne sont, le plus souvent, que des vices déguisés*.

En fait il est très aléatoire de faire entrer les *Maximes* dans un système. La mise en question des vertus humaines était, certes, un thème janséniste, mais aussi un thème épicurien ; jansénistes et épicuriens attaquaient à l'envi la confiance en l'homme, le stoïcisme, et Sénèque (« les philosophes, et Sénèque surtout... », dit la maxime supprimée 21) : rencontre qui rend bien difficile à trancher la question de savoir si un auteur attaquait Sénèque au nom de saint Augustin ou d'Épicure. De saint Augustin, affirme La Chapelle-Bessé à propos de La Rochefoucauld ; d'Épicure, prétend Méré, qui lui fait dire « que dans la morale Sénèque était un hypocrite et qu'Épicure était un saint » (lettre à Mme la duchesse de ***). Se posait-il lui-même toujours la question ? Ce n'est pas certain (remarque qui vaudrait aussi pour La Fontaine). Imitons la discrétion de Mme de Sévigné qui, ayant manifestement tremblé pour la fin qu'il allait faire, nota simplement, quand elle eut appris qu'il avait reçu les derniers sacrements : « Il est fort bien disposé pour sa conscience ; voilà qui est fait » (à Mme de Grignan, 15 mars 1680). Plutôt qu'une théologie, ou même une philosophie, les *Maximes* nous livrent, pour reprendre le mot d'un critique anglais, une anthropologie (W. G. Moore, auteur d'un article intitulé « La Rochefoucauld : une nouvelle anthropologie », *Revue des Sciences humaines*, 1953/4).

Cette anthropologie est, chacun le sait, sévère, et peut sembler cruelle. Elle l'est d'autant plus que l'auteur ne dénonce pas l'hypocrisie consciente et voulue d'une vertu simulée, gibier indigne de lui dont il parle fort peu, mais la bonne conscience de l'homme estimable qui croit à sa propre vertu; « La Rochefoucauld, ou la peur d'être dupe », écrit excellemment Henri Coulet (titre d'une étude publiée dans *Hommage au doyen Gros*, 1959). L'essentiel de son effort tendait à découvrir les vrais ressorts de la conduite des hommes, la sienne y compris (on peut remarquer qu'il écrit volontier, *nous*, *nos vices* : grande différence avec le misanthrope de Molière, qui s'isole et s'exempte de la corruption générale). De ces ressorts, il est assez aisé de dresser la liste : l'amour-propre bien sûr, mais aussi les humeurs, les passions, la fortune. Par *amour-propre*, il faut entendre « l'amour de soi-même, et de toutes choses pour soi » (MS 1); cela ne veut pas dire que l'homme ne puisse aimer autre chose que lui-même, mais que, ne pouvant sortir de soi, il ne peut aimer ce qu'il aime que par rapport à lui; c'est, pour La Rochefoucauld, un postulat. Avec les *humeurs* (qu'il appelle plus précisément, dans la maxime 297, les « humeurs du corps »), nous entrons dans le domaine de la psycho-physiologie; ce sont elles — ou, si l'on préfère, le tempérament — qui sont responsables de nos dispositions vicieuses ou vertueuses, affirmation audacieuse pour l'époque. De nature physiologique sont également les *passions* (« les divers degrés de la chaleur, et de la froideur, du sang », MS 2); mais, plus particulières et moins durables que les humeurs, elles se relaient au cours de l'existence. Enfin la *fortune*, autrement dit le *hasard* ou même l'*étoile*, agit non seulement sur les événements, ce qui va de soi, mais encore sur notre conduite, notre sagesse n'étant pas moins à sa « merci » que nos biens (max. 323). Tel est le cadre général. Appliquons ces principes aux vertus particulières, il restera d'elles fort peu de chose; l'un des moules stylistiques les plus utilisés dans les *Maximes* est la définition restrictive comportant un *ne ... que* : telle vertu *n'est que*... Inutile d'en donner des exemples.

D'où une impression de malaise et de scandale. « Après la lecture de cet écrit, écrivait en 1663 Mme de Schomberg (qui n'était autre que la célèbre Mlle de Hautefort, jadis aimée par Louis XIII), l'on demeure persuadé qu'il n'y a ni vice ni vertu à rien, et que l'on fait nécessairement toutes les actions de la vie », et Mme de La Fayette, qui plus tard devait devenir la tendre amie de l'auteur : « Ha, Madame! quelle corruption il faut avoir dans l'esprit et dans le cœur pour être capable d'imaginer tout cela! » Il était naturel, à la lecture d'un livre aussi brutal, de réagir en deux temps, et c'est ce que firent, comme Mme de La Fayette elle-même, beaucoup de lecteurs, contemporains ou non.

Car, derrière les maximes, comment ne pas sentir intensément la présence de l'homme qui les a écrites ? D'où, très souvent, un réflexe, sympathique peut-être mais au fond naïf et de toute manière indigne de La Rochefoucauld : essayer, si l'on ose dire, d'arranger les choses. En un sens, c'est un peu ce que faisaient les jansénistes, quand ils intégraient cette anthropologie cruelle à une théologie édifiante. D'autres le tentèrent d'autres manières : en évoquant la mélancolie naturelle et les malheurs de l'auteur (lui-même n'avait-il pas ouvert la voie dans son autoportrait ?); en rejetant la responsabilité de sa sévérité sur ceux qui l'avaient trahi; en accablant ses maximes de commentaires lénifiants. On pourrait imaginer d'autres moyens encore : insister (nous y avons fait allusion plus haut) sur un certain goût de l'humour, du paradoxe, un certain air « déniaisé » qu'il gardait de l'époque Louis XIII, ou encore sur la brutalité inhérente à la forme *maxime*. Tout cela est plausible, et même vrai dans une assez large mesure; le noyau dur n'en demeure pas moins, et si l'on veut rechercher — car telle est évidemment l'utime question qu'il faut se poser — ce qu'il peut y avoir de positif dans les *Maximes*, il est indispensable d'admettre d'abord ce noyau dur et de s'interdire de le minimiser; le bien-pensant, le plat ne conviennent pas à leur auteur.

Nous voici donc devant la redoutable interrogation : à quoi croyait La Rochefoucauld ?

On peut répondre sans hésiter : il croyait d'abord à un style.

Une morale de La Rochefoucauld, pourquoi pas ? Mais d'abord une esthétique. L'auteur des *Maximes* a mené sa vie esthétiquement; logique et morale étaient subordonnées au style. Il faut relire, dans les *Réflexions diverses*, *Du Vrai* et *Du Faux*, ou encore *De l'Air et des Manières* :

Ce qui fait que Chantilly n'efface point Liancourt,

bien qu'il ait infiniment plus de diverses beautés, et
que Liancourt n'efface pas aussi Chantilly, c'est que
Chantilly a les beautés qui conviennent à la grandeur de Monsieur le Prince, et que Liancourt a les
beautés qui conviennent à un particulier *(Du Vrai)*.
On ne marche pas à la tête d'un régiment comme on
marche en se promenant *(De l'Air et des Manières)*.

Le style, pour La Rochefoucauld, c'est d'abord —
faut-il le rappeler ? — l'*honnêteté*, le savoir-vivre, vertus
dont il était tenu pour le meilleur des maîtres. On cite
toujours à ce propos *Le vrai honnête homme est celui qui
ne se pique de rien* (max. 203); c'est une règle importante;
mais plus belle et plus fondamentale est celle-ci, en
laquelle les deux sens du mot *honnête* se rencontrent :
« C'est être véritablement honnête homme que de vouloir
être toujours exposé à la vue des honnêtes gens » (max. 206).
    Le style, pour lui, c'est aussi la bravoure. Brave, il
l'était bien évidemment, jusqu'à cette gratuité un peu
folle qui transparaît dans ses Mémoires. Tel mot de lui
reste saisissant de dignité et de simplicité; ruiné, malade
et sur le point de perdre la vue, il écrivait à son fidèle
Lenet (11 novembre 1652) : « L'état où je suis est assez
embarrassant : je cours fortune d'être mis à la Bastille, si
je demeure à Paris, et d'être aveugle, si j'en pars. Avec
tout cela, je ferai mon devoir jusqu'au bout. » Et quand
il sera à l'article de la mort, Mme de Sévigné dira : « C'est
la maladie et la mort de son voisin dont il est question.
Il n'en est pas effleuré, il n'en est pas troublé » (lettre
citée). On a parlé à son sujet de « démolition du héros »;
il faudrait préciser : démolition d'une image convention-
nelle, romanesque, déclamatoire — sénéquienne surtout
— du héros. De l'héroïsme il parle en ancien combattant,
en connaisseur qui a beaucoup vu mourir et a lui-même
souvent risqué sa vie, tel l'Hector de Giraudoux affirmant
qu'on ne lui fera pas confondre les morts qu'il admire
avec ceux qu'il n'admire pas. Ce qu'il a appris au combat
et dans les conspirations, c'est d'abord qu'il faut parler
de ces choses techniquement, car toutes sortes de circonstances peuvent entrer en jeu et la bravoure n'est ni
constante ni automatique; c'est aussi que si la *parfaite
valeur* et l'*intrépidité* sont rares, la *poltronnerie complète*
l'est aussi, et qu'après tout cette parfaite valeur et cette
intrépidité existent et peuvent être définies (voir les
maximes 215 à 217).

Le style, il faut l'avouer, c'est enfin, pour La Rochefoucauld, l'aristocratique croyance en l'existence d'une
certaine race d'hommes. Ce sentiment peut heurter les
idées, la sensibilité modernes, mais il eût été naïf de s'attendre à autre chose de la part de « François, duc de
La Rochefoucauld, pair de France, prince de Marcillac,
baron de Verteuil, Montignac et Cahuzac », d'un homme
qui ne craignait pas d'écrire : « Il n'y a point de souverains dans la chrétienté qui ne soient sortis d'une fille de
ma maison » *(Apologie de M. le prince de Marcillac)*. Il
faisait d'ailleurs un effort pour être honnête : s'il écrit que
l'air bourgeois « ne se perd jamais à la cour », il reconnaît
qu'il « se perd quelquefois à l'armée » (max. 393); quand
il déclare que « la valeur est dans les simples soldats un
métier périlleux qu'ils ont pris pour gagner leur vie »
(max. 214), il place évidemment cette valeur au-dessous
de celle des nobles, mais il n'en nie pas la réalité; un
laquais affronte-t-il crânement la mort sur l'échafaud, il
se plaît à lui rendre hommage (max. 504). Mais enfin il
y a pour lui des hommes bien et mal nés, et il ne faudrait
pas solliciter beaucoup certains textes pour y déceler des
accents quasi nietzschéens. Quand Corneille exaltait la
grandeur dans le mal *(Rodogune, Attila)*, il n'en laissait
pas moins au mal — Lanson l'a bien montré — sa quali-
fication de mal et la réprobation qui s'y attache tradition-
nellement. Le raccourci des maximes interdit-il ces précautions ? La Rochefoucauld écrit tout crûment : « Il y a
des héros en mal comme en bien » (max. 185), de même
qu'il note : « Il n'appartient qu'aux grands hommes
d'avoir de grands défauts » (max. 190). Corollaires :
« Nul ne mérite d'être loué, s'il n'a pas la force d'être
méchant » (max. 237), « un sot n'a pas assez d'étoffe pour
être bon » (max. 387).

Noblesse oblige! Tout ce qui vient d'être dit tourne
finalement autour d'une exigence absolue d'authenticité.

On aboutirait à la même conclusion si l'on examinait
les maximes sur l'amitié et sur l'amour. La Rochefoucauld
a certes composé des aphorismes cruels au sujet de l'amitié, mais il a formellement reconnu l'existence — peu
fréquente évidemment — d'une véritable amitié, et il a
écrit qu'« un véritable ami est le plus grand de tous les
biens » (MP 45); seulement, là encore, il faut se placer
dans une perspective de vérité : son dernier mot sur la
question est la maxime 81 (elle date de la cinquième édition), où il montre comment l'amitié, pour être « vraie et

parfaite », doit intégrer l'amour-propre et l'amour de l'autre. Quant à l'amour, qui est le sujet auquel il a consacré le plus de maximes (voir l'index), s'il l'a souvent accablé de sarcasmes, c'est qu'il s'en faisait une idée si haute qu'il voyait dans le véritable amour — moins rare d'ailleurs que la véritable amitié (max. 473) — une essence dont la perfection ne saurait tolérer aucune altération : « Il n'y a que d'une sorte d'amour, mais il y en a mille différentes copies » (max. 74).

Que La Rochefoucauld inquiète d'abord ses lecteurs, qu'il continue même toujours à les inquiéter à quelque niveau, est normal et même indispensable, disons mieux : salutaire. L'une des grandes vertus de son œuvre est qu'elle empêche de dire un certain genre de sottises ; ce qu'il ne cesse de combattre, ce sont le pharisaïsme, les faux-semblants, toutes sortes de propagandes (et tout spécialement celles que prendraient au sérieux leurs propres auteurs). Mais les *Maximes* ne sont pas qu'une lecture négative, occasion d'une sorte d'hygiène ; à travers elles s'impose la présence d'une grande âme, d'un *magnanime* comme on disait alors, ou d'un *généreux*.

Jacques TRUCHET.

INDICATIONS BIBLIOGRAPHIQUES

Éditions.

Sur les éditions du XVIIᵉ siècle (la subreptice hollandaise, les cinq publiées sous le contrôle de l'auteur et la posthume de 1693), voir la Chronologie et l'Introduction. — A consulter, pour plus de détails : J. MARCHAND, *Bibliographie générale raisonnée de La Rochefoucauld*, Paris, 1948, et A. BRUZZI, *La Formazione delle* Maximes *di La Rochefoucauld attraverso le edizioni originali*, Bologne, Pàtron, 1968.

Parmi les nombreuses éditions postérieures, on retiendra essentiellement :

— dans la collection des Grands Écrivains de la France, les *Œuvres de La Rochefoucauld* (D. L. GILBERT, J. GOURDAULT, A. et H. RÉGNIER), 4 vol., album et appendice, Paris, 1868-1893;

— dans la Bibliothèque de la Pléiade, les *Œuvres complètes* (L. MARTIN-CHAUFFIER, R. KANTERS, J. MARCHAND), nouvelle éd., Paris, 1964;

— dans les Classiques Garnier, *Maximes* (J. TRUCHET), nouvelle éd., Paris, 1972 (édition dont le présent ouvrage s'inspire, et à laquelle on se permet de renvoyer pour une étude plus précise des *Maximes*).

Études d'ensemble sur La Rochefoucault et ses *Maximes*.

J. BOURDEAU, *La Rochefoucauld*, Paris, 1895.
É. MORA, *François de La Rochefoucauld*, Paris, Seghers, 1965.
W. G. MOORE, *La Rochefoucauld, his mind and art*, Oxford, Clarendon Press, 1969.

L. ANSMANN, *Die Maximen von La Rochefoucauld*, Munich, Fink, 1972.

J. LAFOND, *La Rochefoucauld moraliste*, Paris, Klinck-sieck, 2 vol., 1976.

On trouvera aussi des travaux intéressants dans deux numéros spéciaux de revues : *Revue des Sciences humaines*, 1965/2, et *Cahiers de l'Association internationale des Études françaises*, n° 18, 1966.

Biographies.

J. GOURDAULT, *Notice biographique sur La Rochefoucauld*, en tête du tome I des *Œuvres* dans l'édition des Grands Écrivains de la France.

É. MAGNE, *Le Vrai Visage de La Rochefoucauld*, Paris, 1923.

M. BISHOP, *The Life and Adventures of La Rochefoucauld*, Cornell University Press, 1951.

Sources, influences et rencontres.

E. DREYFUS-BRISAC, *La Clef des Maximes de La Rochefoucauld, études littéraires comparées*, Paris, 1904.

E. JOVY, *Deux Inspirateurs peu connus des Maximes de La Rochefoucauld, Daniel Dyke et Jean Vernueil*, Vitry-le-François, 1910.

N. IVANOFF, *La Marquise de Sablé et son salon*, Paris, 1927.

W. SIVASRIYANANDA, *L'Épicurisme de La Rochefoucauld*, Paris, 1939.

Forme.

H. RÉGNIER, *Lexique de la langue de La Rochefoucauld, avec une introduction grammaticale*, au tome III, 2e partie, des *Œuvres* dans l'édition des Grands Écrivains de la France.

M. F. ZELLER, *New Aspects of Style in the Maxims of La Rochefoucauld*, Washington, Catholic University of America Press, 1954.

C. ROSSO, *La « Maxime », saggi per una tipologia critica*, Naples, Edizioni Scientifiche Italiane, 1968.

Pensée.

R. Grandsaignes d'Hauterive, *Le Pessimisme de La Rochefoucauld*, Paris, 1914.

G. Hess, *Zur Entstehung der* Maximen *La Rochefoucaulds*, Cologne, Westdeutscher Verlag, 1957.

P. Bénichou, *L'Intention des* Maximes, in *L'Écrivain et ses travaux*, Paris, Corti, 1967.

L. Hippeau, *Essai sur la morale de La Rochefoucauld*, Paris, Nizet, 1967.

C. Rosso, *Virtú e critica della virtú nei moralisti francesi*, Pise, Editrice Libreria Goliardica, 2e éd., 1971.

N.B. Nous n'avons pu signaler ici que les ouvrages, au détriment des articles, parfois d'un grand intérêt. On trouvera des bibliographies plus complètes dans l'édition Garnier des *Maximes* et dans l'ouvrage de J. Lafond, *La Rochefoucauld moraliste*, mentionné plus haut.

NOTE SUR LE TEXTE

L'élaboration des *Maximes* par leur auteur, telle que nous l'avons retracée dans l'Introduction, commande la manière dont il convenait d'établir le texte du recueil.

Cette élaboration avait comporté, schématiquement, trois démarches :

— rédaction de centaines de maximes ;

— publication d'une sélection de celles-ci ;

— transformation de cette sélection, à travers une série d'éditions successives, par addition de maximes nouvelles, mais aussi par modification de maximes existantes et suppression de certaines d'entre elles.

Si on reprend le processus en sens inverse, on obtient trois collections dont l'ensemble recouvre la totalité des maximes connues :

— la collection constituée par la dernière édition publiée sous le contrôle de l'auteur, la 5ᵉ (1678) ;

— une collection complémentaire regroupant les maximes qu'il avait publiées dans des éditions antérieures, mais n'a pas conservées jusqu'à la fin : c'est ce qu'on appelle les *Maximes supprimées ;*

— une deuxième collection complémentaire regroupant les maximes qu'il n'a jamais publiées : c'est ce qu'on appelle les *Maximes posthumes.*

Ce sont ces trois collections que l'on trouvera dans les pages qui suivent, plus la collection, indépendante, des *Réflexions diverses.*

Reste à donner quelques indications particulières concernant chacune d'elles.

L'édition de 1678.

L'établissement de son texte n'appelle qu'une remarque : en même temps que cette dernière édition, paraissait, à l'intention des détenteurs de la précédente, un supplément intitulé *Nouvelles Réflexions ou Sentences et Maximes morales, seconde partie,* donnant les maximes qui venaient d'être ajoutées ; pour trois d'entre elles, le texte du supplément doit être préféré à celui de l'édition.

Maximes supprimées.

Depuis le XVIIIᵉ siècle, les éditeurs se sont préoccupés de mettre au point la collection de ces maximes ; l'on peut hésiter, d'une part sur la liste exacte des maximes réellement supprimées (quand une sentence a été profondément transformée, on peut se demander si sa première rédaction constitue une maxime supprimée ou si elle doit être tenue pour une simple variante de la rédaction finale), d'autre part sur l'ordre dans lequel il convient de les ranger. Pendant très longtemps l'édition des Grands Écrivains de la France a fait autorité sur ce point. Nous présentons ici un classement différent, établi pour l'édition des Classiques Garnier, qui range les maximes selon la date de leur suppression. Voici une table de concordance de notre numérotation avec celle des « Grands Écrivains de la France » :

Édition G.E.F.	Notre édition	Édition G.E.F.	Notre édition	Édition G.E.F.	Notre édition
563	1	590	66	616	42
564	2	591	22	617	69
565	3	592	23	618	43
566	4	593	24	619	70
567	5	594	25	620	44
568	6	595	26	621	45
569	7	596	27	622	46
570	8	597	28	623	—
571	61	598	—	624	47
572	9	599	—	625	48
573	10	600	29	626	49
574	11	601	30	627	50
575	12	602	31	628	51
576	13	603	67	629	52
577	62	604	32	630	54
578	14	605	33	631	—
579	15	606	34	632	71
580	16	607	—	633	72
581	63	608	68	634	55
582	17	609	35	635	56
583	18	610	36	636	57
584	64	611	37	637	58
585	19	612	38	638	59
586	20	613	39	639	60
587	65	614	40	640	73
588	—	615	41	641	74
589	21				

On remarquera que six « maximes supprimées » de l'édition G.E.F. ne figurent pas parmi celles de la présente édition ; c'est qu'en réalité elles n'avaient pas été supprimées.

Maximes posthumes.

Ici aussi l'on peut hésiter, d'une part sur le texte même de certaines maximes (lorsqu'elles sont attestées sous des formes différentes par diverses sources), d'autre part sur le classement. Nous avons donné priorité au manuscrit de Liancourt, et présenté d'abord, dans l'ordre où il les donne, toutes les maximes posthumes qu'il comporte. En second lieu nous donnons les maximes posthumes attestées par des lettres (sans l'être, bien entendu, par Liancourt), et en troisième lieu celles qui le sont par l'édition de Hollande de 1664 (sans l'être par les deux sources précédentes). En quatrième lieu viennent les maximes posthumes fournies par le supplément de l'édition de 1693 (elles avaient, nous l'avons dit, été composées en vue de la 4e édition, celle de 1675, et laissées de côté par l'auteur). Enfin trois maximes sont données d'après le témoignage de contemporains.

Sur ce point encore notre collection, établie pour l'édition des Classiques Garnier, diffère beaucoup de celle accréditée par l'édition G.E.F. Voir à la page suivante un tableau de concordance.

L'on voit que cinq des « maximes posthumes » de l'édition G.E.F. ne figurent pas parmi celles de la présente édition ; c'est qu'en réalité La Rochefoucauld ne les avait pas laissées inédites, mais les avait publiées sous des formes plus ou moins différentes (en particulier sa maxime 507 — *Tout le monde est plein de pelles qui se moquent des fourgons* —, première forme de la maxime supprimée 5 ; voir la note 59).

Édition G.E.F.	Notre édition	Édition G.E.F.	Notre édition
505	9	534	35
506	6	535	36
507	—	536	37
508	17	537	38
509	22	538	39
510	26	539	40
511	8	540	41
512	13	541	42
513	25	542	43
514	18	543	44
515	23	544	45
516	11	545	46
517	7	546	47
518	—	547	48
519	14	548	49
520	3	549	50
521	4	550	51
522	1	551	52
523	10	552	—
524	20	553	—
525	24	554	53
526	15	555	—
527	21	556	31
528	16	557	54
529	2	558	55
530	27	559	56
531	28	560	57
532	29	561	58
533	30	562	59

Réflexions diverses.

Leur publication s'est faite par étapes, au cours des XVIIIe et XIXe siècles, à partir de plusieurs sources dont les plus intéressantes sont deux manuscrits aujourd'hui disparus, mais sur le texte desquels les auteurs de l'édition G.E.F. ont laissé des indications très précises, le manuscrit Gilbert et le manuscrit 325 *bis*. Dans l'état actuel de notre connaissance de ces sources, la solution la plus satisfaisante consiste à se fonder sur ce qu'on sait du manuscrit 325 *bis*.

J. T.

MAXIMES
(édition de 1678)

LE LIBRAIRE AU LECTEUR

Cette cinquième édition des Réflexions morales est augmentée de plus de cent nouvelles maximes, et plus exacte que les quatre premières. L'approbation que le public leur a donnée est au-dessus de ce que je puis dire en leur faveur. Et si elles sont telles que je les crois, comme j'ai sujet d'en être persuadé, on ne pourrait leur faire plus de tort que de s'imaginer qu'elles eussent besoin d'apologie [1]. Je me contenterai de vous avertir de deux choses : l'une, que par le mot d'*Intérêt*, on n'entend pas toujours un intérêt de bien, mais le plus souvent un intérêt d'honneur ou de gloire; et l'autre (qui est comme le fondement de toutes ces réflexions), que celui qui les a faites n'a considéré les hommes que dans cet état déplorable de la nature corrompue par le péché; et qu'ainsi la manière dont il parle de ce nombre infini de défauts qui se rencontrent dans leurs vertus apparentes ne regarde point ceux que Dieu en préserve par une grâce particulière.

Pour ce qui est de l'ordre de ces réflexions, on n'aura pas de peine à juger que comme elles sont toutes sur des matières différentes, il était difficile d'y en observer. Et bien qu'il y en ait plusieurs sur un même sujet, on n'a pas cru les devoir toujours mettre de suite, de crainte d'ennuyer le lecteur; mais on les trouvera dans la table.

RÉFLEXIONS MORALES

Nos vertus ne sont, le plus souvent,
que des vices déguisés [2].

1. Ce que nous prenons pour des vertus n'est souvent qu'un assemblage de diverses actions et de divers intérêts, que la fortune ou notre industrie savent arranger ; et ce n'est pas toujours par valeur et par chasteté que les hommes sont vaillants, et que les femmes sont chastes [3].

2. L'amour-propre est le plus grand de tous les flatteurs.

3. Quelque découverte que l'on ait faite dans le pays de l'amour-propre, il y reste encore bien des terres inconnues.

4. L'amour-propre est plus habile que le plus habile homme du monde.

5. La durée de nos passions ne dépend pas plus de nous que la durée de notre vie.

6. La passion fait souvent un fou du plus habile homme, et rend souvent les plus sots habiles.

7. Ces grandes et éclatantes actions qui éblouissent les yeux sont représentées par les politiques comme les effets des grands desseins, au lieu que ce sont d'ordinaire les effets de l'humeur et des passions. Ainsi la guerre d'Auguste et d'Antoine, qu'on rapporte à l'ambition qu'ils avaient de se rendre maîtres du monde, n'était peut-être qu'un effet de jalousie.

8. Les passions sont les seuls orateurs qui persuadent toujours. Elles sont comme un art de la nature dont les

règles sont infaillibles; et l'homme le plus simple qui a de
la passion persuade mieux que le plus éloquent qui n'en
a point.

9. Les passions ont une injustice et un propre intérêt
qui fait qu'il est dangereux de les suivre, et qu'on s'en
doit défier lors même qu'elles paraissent les plus raisonnables [4].

10. Il y a dans le cœur humain une génération perpétuelle de passions, en sorte que la ruine de l'une est
presque toujours l'établissement d'une autre.

11. Les passions en engendrent souvent qui leur sont
contraires. L'avarice produit quelquefois la prodigalité,
et la prodigalité l'avarice; on est souvent ferme par
faiblesse, et audacieux par timidité.

12. Quelque soin que l'on prenne de couvrir ses
passions par des apparences de piété et d'honneur, elles
paraissent toujours au travers de ces voiles.

13. Notre amour-propre souffre plus impatiemment
la condamnation de nos goûts que de nos opinions.

14. Les hommes [5] ne sont pas seulement sujets à
perdre le souvenir des bienfaits et des injures; ils haïssent
même ceux qui les ont obligés, et cessent de haïr ceux qui
leur ont fait des outrages. L'application à récompenser le
bien, et à se venger du mal, leur paraît une servitude à
laquelle ils ont peine de se soumettre.

15. La clémence des princes n'est souvent qu'une
politique pour gagner l'affection des peuples.

16. Cette clémence dont on fait une vertu se pratique
tantôt par vanité, quelquefois par paresse, souvent par
crainte, et presque toujours par tous les trois ensemble.

17. La modération des personnes heureuses vient du
calme que la bonne fortune donne à leur humeur.

18. La modération est une crainte de tomber dans
l'envie et dans le mépris que méritent ceux qui s'enivrent
de leur bonheur; c'est une vaine ostentation de la force

de notre esprit; et enfin la modération des hommes dans leur plus haute élévation est un désir de paraître plus grands que leur fortune.

19. Nous avons tous assez de force pour supporter les maux d'autrui.

20. La constance des sages n'est que l'art de renfermer leur agitation dans le cœur.

21. Ceux qu'on condamne au supplice affectent quelquefois une constance et un mépris de la mort qui n'est en effet que la crainte de l'envisager. De sorte qu'on peut dire que cette constance et ce mépris sont à leur esprit ce que le bandeau est à leurs yeux.

22. La philosophie triomphe aisément des maux passés et des maux à venir. Mais les maux présents triomphent d'elle.

23. Peu de gens connaissent la mort. On ne la souffre pas ordinairement par résolution, mais par stupidité et par coutume; et la plupart des hommes meurent parce qu'on ne peut s'empêcher de mourir.

24. Lorsque les grands hommes se laissent abattre par la longueur de leurs infortunes, ils font voir qu'ils ne les soutenaient que par la force de leur ambition, et non par celle de leur âme, et qu'à une grande vanité près les héros sont faits comme les autres hommes.

25. Il faut de plus grandes vertus pour soutenir la bonne fortune que la mauvaise.

26. Le soleil ni la mort ne se peuvent regarder fixement.

27. On fait souvent vanité des passions même les plus criminelles; mais l'envie est une passion timide et honteuse que l'on n'ose jamais avouer.

28. La jalousie est en quelque manière juste et raisonnable, puisqu'elle ne tend qu'à conserver un bien qui nous appartient, ou que nous croyons nous appartenir; au lieu que l'envie est une fureur qui ne peut souffrir le bien des autres.

29. Le mal que nous faisons ne nous attire pas tant de persécution et de haine que nos bonnes qualités.

30. Nous avons plus de force que de volonté; et c'est souvent pour nous excuser à nous-mêmes que nous nous imaginons que les choses sont impossibles.

31. Si nous n'avions point de défauts, nous ne prendrions pas tant de plaisir à en remarquer dans les autres.

32. La jalousie se nourrit dans les doutes, et elle devient fureur, ou elle finit, sitôt qu'on passe du doute à la certitude.

33. L'orgueil se dédommage toujours et ne perd rien lors même qu'il renonce à la vanité.

34. Si nous n'avions point d'orgueil, nous ne nous plaindrions pas de celui des autres.

35. L'orgueil est égal dans tous les hommes, et il n'y a de différence qu'aux moyens et à la manière de le mettre au jour.

36. Il semble que la nature, qui a si sagement disposé les organes de notre corps pour nous rendre heureux, nous ait aussi donné l'orgueil pour nous épargner la douleur de connaître nos imperfections.

37. L'orgueil a plus de part que la bonté aux remontrances que nous faisons à ceux qui commettent des fautes; et nous ne les reprenons pas tant pour les en corriger que pour leur persuader que nous en sommes exempts.

38. Nous promettons selon nos espérances, et nous tenons selon nos craintes.

39. L'intérêt parle toutes sortes de langues, et joue toutes sortes de personnages, même celui de désintéressé.

40. L'intérêt, qui aveugle les uns, fait la lumière des autres.

41. Ceux qui s'appliquent trop aux petites choses deviennent ordinairement incapables des grandes.

42. Nous n'avons pas assez de force pour suivre toute notre raison[6].

43. L'homme croit souvent se conduire lorsqu'il est conduit; et pendant que par son esprit il tend à un but, son cœur l'entraîne insensiblement à un autre.

44. La force et la faiblesse de l'esprit sont mal nommées; elles ne sont en effet que la bonne ou la mauvaise disposition des organes du corps.

45. Le caprice de notre humeur est encore plus bizarre que celui de la fortune.

46. L'attachement ou l'indifférence que les philosophes avaient pour la vie n'était qu'un goût de leur amour-propre, dont on ne doit non plus disputer que du goût de la langue ou du choix des couleurs[7].

47. Notre humeur met le prix à tout ce qui nous vient de la fortune.

48. La félicité est dans le goût et non pas dans les choses; et c'est par avoir ce qu'on aime qu'on est heureux, et non par avoir ce que les autres trouvent aimable.

49. On n'est jamais si heureux ni si malheureux qu'on s'imagine.

50. Ceux qui croient avoir du mérite se font un honneur d'être malheureux, pour persuader aux autres et à eux-mêmes qu'ils sont dignes d'être en butte à la fortune.

51. Rien ne doit tant diminuer la satisfaction que nous avons de nous-mêmes, que de voir que nous désapprouvons dans un temps ce que nous approuvions dans un autre.

52. Quelque différence qui paraisse entre les fortunes, il y a néanmoins une certaine compensation de biens et de maux qui les rend égales.

53. Quelques grands avantages que la nature donne, ce n'est pas elle seule, mais la fortune avec elle qui fait les héros.

54. Le mépris des richesses était dans les philosophes un désir caché de venger leur mérite de l'injustice de la fortune par le mépris des mêmes biens dont elle les privait; c'était un secret pour se garantir de l'avilissement de la pauvreté; c'était un chemin détourné pour aller à la considération qu'ils ne pouvaient avoir par les richesses.

55. La haine pour les favoris n'est autre chose que l'amour de la faveur. Le dépit de ne la pas posséder se console et s'adoucit par le mépris que l'on témoigne de ceux qui la possèdent; et nous leur refusons nos hommages, ne pouvant pas leur ôter ce qui leur attire ceux de tout le monde.

56. Pour s'établir dans le monde, on fait tout ce que l'on peut pour y paraître établi.

57. Quoique les hommes [8] se flattent de leurs grandes actions, elles ne sont pas souvent les effets d'un grand dessein, mais des effets du hasard.

58. Il semble que nos actions aient des étoiles heureuses ou malheureuses à qui elles doivent une grande partie de la louange et du blâme qu'on leur donne.

59. Il n'y a point d'accidents si malheureux dont les habiles gens ne tirent quelque avantage, ni de si heureux que les imprudents ne puissent tourner à leur préjudice.

60. La fortune tourne tout à l'avantage de ceux qu'elle favorise.

61. Le bonheur et le malheur des hommes ne dépend pas moins de leur humeur que de la fortune.

62. La sincérité est une ouverture de cœur. On la trouve en fort peu de gens; et celle que l'on voit d'ordinaire n'est qu'une fine dissimulation pour attirer la confiance des autres.

63. L'aversion du mensonge est souvent une imperceptible ambition de rendre nos témoignages considérables, et d'attirer à nos paroles un respect de religion.

64. La vérité ne fait pas tant de bien dans le monde que ses apparences y font de mal.

65. Il n'y a point d'éloges qu'on ne donne à la prudence. Cependant elle ne saurait nous assurer du moindre événement.

66. Un habile homme doit régler le rang de ses intérêts et les conduire chacun dans son ordre. Notre avidité le trouble souvent en nous faisant courir à tant de choses à la fois que, pour désirer trop les moins importantes, on manque les plus considérables.

67. La bonne grâce est au corps ce que le bon sens est à l'esprit.

68. Il est difficile de définir l'amour. Ce qu'on en peut dire est que dans l'âme c'est une passion de régner, dans les esprits c'est une sympathie, et dans le corps ce n'est qu'une envie cachée et délicate de posséder ce que l'on aime après beaucoup de mystères.

69. S'il y a un amour pur et exempt du mélange de nos autres passions, c'est celui qui est caché au fond du cœur, et que nous ignorons nous-mêmes.

70. Il n'y a point de déguisement qui puisse longtemps cacher l'amour où il est, ni le feindre où il n'est pas.

71. Il n'y a guère de gens qui ne soient honteux de s'être aimés quand ils ne s'aiment plus.

72. Si on juge de l'amour par la plupart de ses effets, il ressemble plus à la haine qu'à l'amitié.

73. On peut trouver des femmes [9] qui n'ont jamais eu de galanterie; mais il est rare d'en trouver qui n'en aient jamais eu qu'une.

74. Il n'y a que d'une sorte d'amour, mais il y en a mille différentes copies.

75. L'amour aussi bien que le feu ne peut subsister sans un mouvement continuel; et il cesse de vivre dès qu'il cesse d'espérer ou de craindre.

76. Il est du véritable amour comme de l'apparition des esprits : tout le monde en parle, mais peu de gens en ont vu.

77. L'amour prête son nom à un nombre infini de commerces qu'on lui attribue, et où il n'a non plus de part que le Doge à ce qui se fait à Venise [10].

78. L'amour de la justice n'est en la plupart des hommes [11] que la crainte de souffrir l'injustice.

79. Le silence est le parti le plus sûr de celui qui se défie de soi-même.

80. Ce qui nous rend si changeants dans nos amitiés, c'est qu'il est difficile de connaître les qualités de l'âme, et facile de connaître celles de l'esprit.

81. Nous ne pouvons rien aimer que par rapport à nous, et nous ne faisons que suivre notre goût et notre plaisir quand nous préférons nos amis à nous-mêmes; c'est néanmoins par cette préférence seule que l'amitié peut être vraie et parfaite [12].

82. La réconciliation avec nos ennemis n'est qu'un désir de rendre notre condition meilleure, une lassitude de la guerre, et une crainte de quelque mauvais événement.

83. Ce que les hommes ont nommé amitié n'est qu'une société, qu'un ménagement réciproque d'intérêts, et qu'un échange de bons offices; ce n'est enfin qu'un commerce où l'amour-propre se propose toujours quelque chose à gagner [13].

84. Il est plus honteux de se défier de ses amis que d'en être trompé.

85. Nous nous persuadons souvent d'aimer les gens plus puissants que nous; et néanmoins c'est l'intérêt seul qui produit notre amitié. Nous ne nous donnons pas à eux pour le bien que nous leur voulons faire, mais pour celui que nous en voulons recevoir.

86. Notre défiance justifie la tromperie d'autrui.

87. Les hommes ne vivraient pas longtemps en société s'ils n'étaient les dupes les uns des autres.

88. L'amour-propre nous augmente ou nous diminue les bonnes qualités de nos amis à proportion de la satisfaction que nous avons d'eux; et nous jugeons de leur mérite par la manière dont ils vivent avec nous.

89. Tout le monde se plaint de sa mémoire, et personne ne se plaint de son jugement.

90. Nous plaisons plus souvent dans le commerce de la vie par nos défauts que par nos bonnes qualités.

91. La plus grande ambition n'en a pas la moindre apparence lorsqu'elle se rencontre dans une impossibilité absolue d'arriver où elle aspire.

92. Détromper un homme préoccupé de son mérite est lui rendre un aussi mauvais office que celui que l'on rendit à ce fou d'Athènes, qui croyait que tous les vaisseaux qui arrivaient dans le port étaient à lui [14].

93. Les vieillards aiment à donner de bons préceptes, pour se consoler de n'être plus en état de donner de mauvais exemples.

94. Les grands noms abaissent, au lieu d'élever, ceux qui ne les savent pas soutenir.

95. La marque d'un mérite extraordinaire est de voir que ceux qui l'envient le plus sont contraints de le louer.

96. Tel homme est ingrat, qui est moins coupable de son ingratitude que celui qui lui a fait du bien.

97. On s'est trompé lorsqu'on a cru que l'esprit et le jugement étaient deux choses différentes. Le jugement n'est que la grandeur de la lumière de l'esprit; cette lumière pénètre le fond des choses; elle y remarque tout ce qu'il faut remarquer et aperçoit celles qui semblent imperceptibles. Ainsi il faut demeurer d'accord que c'est l'étendue de la lumière de l'esprit qui produit tous les effets qu'on attribue au jugement.

98. Chacun dit du bien de son cœur, et personne n'en ose dire de son esprit.

99. La politesse de l'esprit consiste à penser des choses honnêtes et délicates.

100. La galanterie de l'esprit est de dire des choses flatteuses d'une manière agréable [15].

101. Il arrive souvent que des choses se présentent plus achevées à notre esprit qu'il ne les pourrait faire avec beaucoup d'art [16].

102. L'esprit est toujours la dupe du cœur.

103. Tous ceux qui connaissent leur esprit ne connaissent pas leur cœur [17].

104. Les hommes et les affaires ont leur point de perspective. Il y en a qu'il faut voir de près pour en bien juger, et d'autres dont on ne juge jamais si bien que quand on en est éloigné.

105. Celui-là n'est pas raisonnable à qui le hasard fait trouver la raison, mais celui qui la connaît, qui la discerne, et qui la goûte.

106. Pour bien savoir les choses, il en faut savoir le détail; et comme il est presque infini, nos connaissances sont toujours superficielles et imparfaites.

107. C'est une espèce de coquetterie de faire remarquer qu'on n'en fait jamais.

108. L'esprit ne saurait jouer longtemps le personnage du cœur.

109. La jeunesse change ses goûts par l'ardeur du sang, et la vieillesse conserve les siens par l'accoutumance.

110. On ne donne rien si libéralement que ses conseils.

111. Plus on aime une maîtresse, et plus on est près de la haïr.

112. Les défauts de l'esprit augmentent en vieillissant comme ceux du visage.

113. Il y a de bons mariages, mais il n'y en a point de délicieux.

114. On ne se peut consoler d'être trompé par ses ennemis, et trahi par ses amis; et l'on est souvent satisfait de l'être par soi-même.

115. Il est aussi facile de se tromper soi-même sans s'en apercevoir qu'il est difficile de tromper les autres sans qu'ils s'en aperçoivent.

116. Rien n'est moins sincère que la manière de demander et de donner des conseils. Celui qui en demande paraît avoir une déférence respectueuse pour les sentiments de son ami, bien qu'il ne pense qu'à lui faire approuver les siens, et à le rendre garant de sa conduite. Et celui qui conseille paye la confiance qu'on lui témoigne d'un zèle ardent et désintéressé, quoiqu'il ne cherche le plus souvent dans les conseils qu'il donne que son propre intérêt ou sa gloire.

117. La plus subtile de toutes les finesses [18] est de savoir bien feindre de tomber dans les pièges que l'on nous tend, et on n'est jamais si aisément trompé que quand on songe à tromper les autres.

118. L'intention de ne jamais tromper nous expose à être souvent trompés.

119. Nous sommes si accoutumés à nous déguiser aux autres qu'enfin nous nous déguisons à nous-mêmes.

120. L'on fait plus souvent des trahisons par faiblesse que par un dessein formé de trahir.

121. On fait souvent du bien pour pouvoir impunément faire du mal.

122. Si nous résistons à nos passions, c'est plus par leur faiblesse que par notre force.

123. On n'aurait guère de plaisir si on ne se flattait jamais.

124. Les plus habiles affectent toute leur vie de blâmer

les finesses pour s'en servir en quelque grande occasion et pour quelque grand intérêt.

125. L'usage ordinaire de la finesse est la marque d'un petit esprit, et il arrive presque toujours que celui qui s'en sert pour se couvrir en un endroit, se découvre en un autre.

126. Les finesses et les trahisons ne viennent que de manque d'habileté [19].

127. Le vrai moyen d'être trompé, c'est de se croire plus fin que les autres.

128. La trop grande subtilité est une fausse délicatesse, et la véritable délicatesse est une solide subtilité.

129. Il suffit quelquefois d'être grossier pour n'être pas trompé par un habile homme.

130. La faiblesse est le seul défaut que l'on ne saurait corriger.

131. Le moindre défaut des femmes qui se sont abandonnées à faire l'amour, c'est de faire l'amour.

132. Il est plus aisé d'être sage pour les autres que de l'être pour soi-même.

133. Les seules bonnes copies sont celles qui nous font voir le ridicule des méchants originaux.

134. On n'est jamais si ridicule par les qualités [20] que l'on a que par celles que l'on affecte d'avoir.

135. On est quelquefois aussi différent de soi-même que des autres.

136. Il y a des gens qui n'auraient jamais été amoureux s'ils n'avaient jamais entendu parler de l'amour.

137. On parle peu quand la vanité ne fait pas parler.

138. On aime mieux dire du mal de soi-même que de n'en point parler.

139. Une des choses qui fait que l'on trouve si peu de gens qui paraissent raisonnables et agréables dans la conversation, c'est qu'il n'y a presque personne qui ne pense plutôt à ce qu'il veut dire qu'à répondre précisément à ce qu'on lui dit. Les plus habiles et les plus complaisants se contentent de montrer seulement une mine attentive, au même temps que l'on voit dans leurs yeux et dans leur esprit un égarement pour ce qu'on leur dit, et une précipitation pour retourner à ce qu'ils veulent dire; au lieu de considérer que c'est un mauvais moyen de plaire aux autres ou de les persuader, que de chercher si fort à se plaire à soi-même, et que bien écouter et bien répondre est une des plus grandes perfections qu'on puisse avoir dans la conversation.

140. Un homme d'esprit serait souvent bien embarrassé sans la compagnie des sots.

141. Nous nous vantons souvent de ne nous point ennuyer; et nous sommes si glorieux que nous ne voulons pas nous trouver de mauvaise compagnie.

142. Comme c'est le caractère des grands esprits de faire entendre en peu de paroles beaucoup de choses, les petits esprits au contraire ont le don de beaucoup parler, et de ne rien dire.

143. C'est plutôt par l'estime de nos propres sentiments que nous exagérons les bonnes qualités des autres, que par l'estime de leur mérite; et nous voulons nous attirer des louanges, lorsqu'il semble que nous leur en donnons.

144. On n'aime point à louer, et on ne loue jamais personne sans intérêt. La louange est une flatterie habile, cachée, et délicate, qui satisfait différemment celui qui la donne, et celui qui la reçoit. L'un la prend comme une récompense de son mérite; l'autre la donne pour faire remarquer son équité et son discernement.

145. Nous choisissons souvent des louanges empoisonnées qui font voir par contrecoup en ceux que nous louons des défauts que nous n'osons découvrir d'une autre sorte.

146. On ne loue d'ordinaire que pour être loué.

147. Peu de gens sont assez sages pour préférer le blâme qui leur est utile à la louange qui les trahit.

148. Il y a des reproches qui louent, et des louanges qui médisent.

149. Le refus des louanges est un désir d'être loué deux fois.

150. Le désir de mériter les louanges qu'on nous donne fortifie notre vertu; et celles que l'on donne à l'esprit, à la valeur, et à la beauté contribuent à les augmenter [21].

151. Il est plus difficile de s'empêcher d'être gouverné que de gouverner les autres.

152. Si nous ne nous flattions point nous-mêmes, la flatterie des autres ne nous pourrait nuire.

153. La nature fait le mérite, et la fortune le met en œuvre.

154. La fortune nous corrige de plusieurs défauts que la raison ne saurait corriger.

155. Il y a des gens dégoûtants avec du mérite, et d'autres qui plaisent avec des défauts [22].

156. Il y a des gens dont tout le mérite consiste à dire et à faire des sottises utilement, et qui gâteraient tout s'ils changeaient de conduite.

157. La gloire des grands hommes se doit toujours mesurer aux moyens dont ils se sont servis pour l'acquérir.

158. La flatterie est une fausse monnaie qui n'a de cours que par notre vanité.

159. Ce n'est pas assez d'avoir de grandes qualités; il en faut avoir l'économie [23].

160. Quelque éclatante que soit une action, elle ne doit pas passer pour grande lorsqu'elle n'est pas l'effet d'un grand dessein [24].

161. Il doit y avoir une certaine proportion entre les actions et les desseins si on en veut tirer tous les effets qu'elles peuvent produire.

162. L'art de savoir bien mettre en œuvre de médiocres qualités dérobe l'estime et donne souvent plus de réputation que le véritable mérite.

163. Il y a une infinité de conduites qui paraissent ridicules, et dont les raisons cachées sont très sages et très solides.

164. Il est plus facile de paraître digne des emplois qu'on n'a pas que de ceux que l'on exerce.

165. Notre mérite nous attire l'estime des honnêtes gens, et notre étoile celle du public.

166. Le monde récompense plus souvent les apparences du mérite que le mérite même.

167. L'avarice est plus opposée à l'économie que la libéralité.

168. L'espérance, toute trompeuse qu'elle est, sert au moins à nous mener à la fin de la vie par un chemin agréable.

169. Pendant que la paresse et la timidité nous retiennent dans notre devoir, notre vertu en a souvent tout l'honneur.

170. Il est difficile de juger si un procédé net, sincère et honnête est un effet de probité ou d'habileté [25].

171. Les vertus se perdent dans l'intérêt, comme les fleuves se perdent dans la mer.

172. Si on examine bien les divers effets de l'ennui, on trouvera qu'il fait manquer à plus de devoirs que l'intérêt.

173. Il y a diverses sortes de curiosité : l'une d'intérêt, qui nous porte à désirer d'apprendre ce qui nous peut être utile, et l'autre d'orgueil, qui vient du désir de savoir ce que les autres ignorent.

174. Il vaut mieux employer notre esprit à supporter les infortunes qui nous arrivent qu'à prévoir celles qui nous peuvent arriver.

175. La constance en amour est une inconstance perpétuelle, qui fait que notre cœur s'attache successivement à toutes les qualités de la personne que nous aimons, donnant tantôt la préférence à l'une, tantôt à l'autre ; de sorte que cette constance n'est qu'une inconstance arrêtée et renfermée dans un même sujet.

176. Il y a deux sortes de constance en amour : l'une vient de ce que l'on trouve sans cesse dans la personne que l'on aime de nouveaux sujets d'aimer, et l'autre vient de ce que l'on se fait un honneur d'être constant.

177. La persévérance n'est digne ni de blâme ni de louange, parce qu'elle n'est que la durée des goûts et des sentiments, qu'on ne s'ôte et qu'on ne se donne point.

178. Ce qui nous fait aimer les nouvelles connaissances n'est pas tant la lassitude que nous avons des vieilles ou le plaisir de changer, que le dégoût de n'être pas assez admirés de ceux qui nous connaissent trop, et l'espérance de l'être davantage de ceux qui ne nous connaissent pas tant.

179. Nous nous plaignons quelquefois légèrement de nos amis pour justifier par avance notre légèreté.

180. Notre repentir n'est pas tant un regret du mal que nous avons fait, qu'une crainte de celui qui nous en peut arriver [26].

181. Il y a une inconstance qui vient de la légèreté de l'esprit ou de sa faiblesse, qui lui fait recevoir toutes les opinions d'autrui, et il y en a une autre, qui est plus excusable, qui vient du dégoût des choses.

182. Les vices entrent dans la composition des vertus comme les poisons entrent dans la composition des remèdes. La prudence les assemble et les tempère, et elle s'en sert utilement contre les maux de la vie [27].

183. Il faut demeurer d'accord à l'honneur de la vertu

que les plus grands malheurs des hommes sont ceux où ils tombent par les crimes.

184. Nous avouons nos défauts pour réparer par notre sincérité le tort qu'ils nous font dans l'esprit des autres.

185. Il y a des héros en mal comme en bien.

186. On ne méprise pas tous ceux qui ont des vices; mais on méprise tous ceux qui n'ont aucune vertu.

187. Le nom de la vertu sert à l'intérêt aussi utilement que les vices.

188. La santé de l'âme n'est pas plus assurée que celle du corps; et quoique l'on paraisse éloigné des passions, on n'est pas moins en danger de s'y laisser emporter que de tomber malade quand on se porte bien.

189. Il semble que la nature ait prescrit à chaque homme dès sa naissance des bornes pour les vertus et pour les vices.

190. Il n'appartient qu'aux grands hommes d'avoir de grands défauts.

191. On peut dire que les vices nous attendent dans le cours de la vie comme des hôtes chez qui il faut successivement loger; et je doute que l'expérience nous les fît éviter s'il nous était permis de faire deux fois le même chemin.

192. Quand les vices nous quittent, nous nous flattons de la créance que c'est nous qui les quittons.

193. Il y a des rechutes dans les maladies de l'âme, comme dans celles du corps. Ce que nous prenons pour notre guérison n'est le plus souvent qu'un relâche ou un changement de mal.

194. Les défauts de l'âme sont comme les blessures du corps : quelque soin qu'on prenne de les guérir, la cicatrice paraît toujours, et elles sont à tout moment en danger de se rouvrir.

195. Ce qui nous empêche souvent de nous abandonner à un seul vice est que nous en avons plusieurs.

196. Nous oublions aisément nos fautes lorsqu'elles ne sont sues que de nous.

197. Il y a des gens de qui l'on peut ne jamais croire du mal sans l'avoir vu ; mais il n'y en a point en qui il nous doive surprendre en le voyant.

198. Nous élevons la gloire des uns pour abaisser celle des autres. Et quelquefois on louerait moins Monsieur le Prince [28] et M. de Turenne si on ne les voulait point blâmer tous deux.

199. Le désir de paraître habile empêche souvent de le devenir [29].

200. La vertu n'irait pas si loin si la vanité ne lui tenait compagnie.

201. Celui qui croit pouvoir trouver en soi-même de quoi se passer de tout le monde se trompe fort ; mais celui qui croit qu'on ne peut se passer de lui se trompe encore davantage.

202. Les faux honnêtes gens sont ceux qui déguisent leurs défauts aux autres et à eux-mêmes. Les vrais honnêtes gens sont ceux qui les connaissent parfaitement et les confessent.

203. Le vrai honnête homme est celui qui ne se pique de rien.

204. La sévérité des femmes est un ajustement et un fard qu'elles ajoutent à leur beauté [30].

205. L'honnêteté des femmes est souvent l'amour de leur réputation et de leur repos.

206. C'est être véritablement honnête homme que de vouloir être toujours exposé à la vue des honnêtes gens.

207. La folie nous suit dans tous les temps de la vie. Si quelqu'un paraît sage, c'est seulement parce que ses folies sont proportionnées à son âge et à sa fortune [31].

208. Il y a des gens niais qui se connaissent [32], et qui emploient habilement leur niaiserie.

209. Qui vit sans folie n'est pas si sage qu'il croit.

210. En vieillissant on devient plus fou, et plus sage.

211. Il y a des gens qui ressemblent aux vaudevilles [33], qu'on ne chante qu'un certain temps.

212. La plupart des gens ne jugent des hommes que par la vogue qu'ils ont, ou par leur fortune.

213. L'amour de la gloire, la crainte de la honte, le dessein de faire fortune, le désir de rendre notre vie commode et agréable, et l'envie d'abaisser les autres, sont souvent les causes de cette valeur si célèbre parmi les hommes.

214. La valeur est dans les simples soldats un métier périlleux qu'ils ont pris pour gagner leur vie.

215. La parfaite valeur et la poltronnerie complète sont deux extrémités où l'on arrive rarement. L'espace qui est entre-deux est vaste, et contient toutes les autres espèces de courage : il n'y a pas moins de différence entre elles qu'entre les visages et les humeurs. Il y a des hommes qui s'exposent volontiers au commencement d'une action, et qui se relâchent et se rebutent aisément par sa durée. Il y en a qui sont contents quand ils ont satisfait à l'honneur du monde, et qui font fort peu de chose au-delà. On en voit qui ne sont pas toujours également maîtres de leur peur. D'autres se laissent quelquefois entraîner à des terreurs générales. D'autres vont à la charge parce qu'ils n'osent demeurer dans leurs postes. Il s'en trouve à qui l'habitude des moindres périls affermit le courage et les prépare à s'exposer à de plus grands. Il y en a qui sont braves à coups d'épée, et qui craignent les coups de mousquet; d'autres sont assurés aux coups de mousquet, et appréhendent de se battre à coups d'épée. Tous ces courages de différentes espèces conviennent [34] en ce que la nuit augmente la crainte et cachant les bonnes et les mauvaises actions, elle donne la liberté de se ménager. Il y a encore un autre ménagement plus général; car on ne voit point d'homme qui fasse tout ce qu'il serait capable de faire dans une occasion s'il était assuré d'en revenir.

De sorte qu'il est visible que la crainte de la mort ôte quelque chose de la valeur.

216. La parfaite valeur est de faire sans témoins ce qu'on serait capable de faire devant tout le monde.

217. L'intrépidité est une force extraordinaire de l'âme qui l'élève au-dessus des troubles, des désordres et des émotions que la vue des grands périls pourrait exciter en elle; et c'est par cette force que les héros se maintiennent en un état paisible, et conservent l'usage libre de leur raison dans les accidents les plus surprenants et les plus terribles.

218. L'hypocrisie est un hommage que le vice rend à la vertu.

219. La plupart des hommes s'exposent assez dans la guerre pour sauver leur honneur. Mais peu se veulent toujours exposer autant qu'il est nécessaire pour faire réussir le dessein pour lequel ils s'exposent.

220. La vanité, la honte, et surtout le tempérament, font souvent la valeur des hommes, et la vertu des femmes.

221. On ne veut point perdre la vie, et on veut acquérir de la gloire; ce qui fait que les braves ont plus d'adresse et d'esprit pour éviter la mort que les gens de chicane n'en ont pour conserver leur bien.

222. Il n'y a guère de personnes qui dans le premier penchant de l'âge ne fassent connaître par où leur corps et leur esprit doivent défaillir.

223. Il est de la reconnaissance comme de la bonne foi des marchands : elle entretient le commerce; et nous ne payons pas parce qu'il est juste de nous acquitter, mais pour trouver plus facilement des gens qui nous prêtent.

224. Tous ceux qui s'acquittent des devoirs de la reconnaissance ne peuvent pas pour cela se flatter d'être reconnaissants.

225. Ce qui fait le mécompte dans la reconnaissance

qu'on attend des grâces que l'on a faites, c'est que l'orgueil de celui qui donne, et l'orgueil de celui qui reçoit, ne peuvent convenir du prix du bienfait.

226. Le trop grand empressement qu'on a de s'acquitter d'une obligation est une espèce d'ingratitude [35].

227. Les gens heureux ne se corrigent guère; ils croient toujours avoir raison quand la fortune soutient leur mauvaise conduite.

228. L'orgueil ne veut pas devoir, et l'amour-propre ne veut pas payer.

229. Le bien que nous avons reçu de quelqu'un veut que nous respections le mal qu'il nous fait.

230. Rien n'est si contagieux que l'exemple, et nous ne faisons jamais de grands biens ni de grands maux qui n'en produisent de semblables. Nous imitons les bonnes actions par émulation, et les mauvaises par la malignité de notre nature que la honte retenait prisonnière, et que l'exemple met en liberté.

231. C'est une grande folie de vouloir être sage tout seul.

232. Quelque prétexte que nous donnions à nos afflictions, ce n'est souvent que l'intérêt et la vanité qui les causent.

233. Il y a dans les afflictions diverses sortes d'hypocrisie. Dans l'une, sous prétexte de pleurer la perte d'une personne qui nous est chère, nous nous pleurons nous-mêmes; nous regrettons la bonne opinion qu'il avait de nous; nous pleurons la diminution de notre bien, de notre plaisir, de notre considération. Ainsi les morts ont l'honneur des larmes qui ne coulent que pour les vivants. Je dis que c'est une espèce d'hypocrisie, à cause que dans ces sortes d'afflictions on se trompe soi-même. Il y a une autre hypocrisie qui n'est pas si innocente, parce qu'elle impose à tout le monde : c'est l'affliction de certaines personnes qui aspirent à la gloire d'une belle et immortelle douleur. Après que le temps qui consume tout a fait cesser celle qu'elles avaient en effet, elles ne laissent pas

d'opiniâtrer leurs pleurs, leurs plaintes, et leurs soupirs; elles prennent un personnage lugubre, et travaillent à persuader par toutes leurs actions que leur déplaisir ne finira qu'avec leur vie. Cette triste et fatigante vanité se trouve d'ordinaire dans les femmes ambitieuses. Comme leur sexe leur ferme tous les chemins qui mènent à la gloire, elles s'efforcent de se rendre célèbres par la montre d'une inconsolable affliction. Il y a encore une autre espèce de larmes qui n'ont que de petites sources qui coulent et se tarissent facilement : on pleure pour avoir la réputation d'être tendre, on pleure pour être plaint, on pleure pour être pleuré; enfin on pleure pour éviter la honte de ne pleurer pas.

234. C'est plus souvent par orgueil que par défaut de lumières qu'on s'oppose avec tant d'opiniâtreté aux opinions les plus suivies : on trouve les premières places prises dans le bon parti, et on ne veut point des dernières.

235. Nous nous consolons aisément des disgrâces de nos amis lorsqu'elles servent à signaler notre tendresse pour eux.

236. Il semble que l'amour-propre soit la dupe de la bonté, et qu'il s'oublie lui-même lorsque nous travaillons pour l'avantage des autres. Cependant c'est prendre le chemin le plus assuré pour arriver à ses fins; c'est prêter à usure sous prétexte de donner; c'est enfin s'acquérir tout le monde par un moyen subtil et délicat.

237. Nul ne mérite d'être loué de bonté, s'il n'a pas la force d'être méchant : toute autre bonté n'est le plus souvent qu'une paresse ou une impuissance de la volonté.

238. Il n'est pas si dangereux de faire du mal à la plupart des hommes que de leur faire trop de bien.

239. Rien ne flatte plus notre orgueil que la confiance des grands, parce que nous la regardons comme un effet de notre mérite, sans considérer qu'elle ne vient le plus souvent que de vanité, ou d'impuissance de garder le secret.

240. On peut dire [36] de l'agrément séparé de la beauté que c'est une symétrie dont on ne sait point les règles, et

un rapport secret des traits ensemble, et des traits avec les couleurs et avec l'air de la personne.

241. La coquetterie est le fond de l'humeur des femmes. Mais toutes ne la mettent pas en pratique, parce que la coquetterie de quelques-unes est retenue par la crainte ou par la raison.

242. On incommode souvent les autres quand on croit ne les pouvoir jamais incommoder.

243. Il y a peu de choses impossibles d'elles-mêmes; et l'application pour les faire réussir nous manque plus que les moyens.

244. La souveraine habileté consiste à bien connaître le prix des choses.

245. C'est une grande habileté que de savoir cacher son habileté.

246. Ce qui paraît générosité n'est souvent qu'une ambition déguisée qui méprise de petits intérêts, pour aller à de plus grands [37].

247. La fidélité qui paraît en la plupart des hommes n'est qu'une invention de l'amour-propre pour attirer la confiance. C'est un moyen de nous élever au-dessus des autres, et de nous rendre dépositaires des choses les plus importantes.

248. La magnanimité méprise tout pour avoir tout.

249. Il n'y a pas moins d'éloquence dans le ton de la voix, dans les yeux et dans l'air de la personne, que dans le choix des paroles.

250. La véritable éloquence consiste à dire tout ce qu'il faut, et à ne dire que ce qu'il faut.

251. Il y a des personnes à qui les défauts siéent bien, et d'autres qui sont disgraciées avec leurs bonnes qualités.

252. Il est aussi ordinaire de voir changer les goûts qu'il est extraordinaire de voir changer les inclinations.

253. L'intérêt met en œuvre toutes sortes de vertus et de vices.

254. L'humilité n'est souvent qu'une feinte soumission, dont on se sert pour soumettre les autres ; c'est un artifice de l'orgueil qui s'abaisse pour s'élever ; et bien qu'il se transforme en mille manières, il n'est jamais mieux déguisé et plus capable de tromper que lorsqu'il se cache sous la figure de l'humilité.

255. Tous les sentiments ont chacun un ton de voix, des gestes et des mines qui leur sont propres. Et ce rapport bon ou mauvais, agréable ou désagréable, est ce qui fait que les personnes plaisent ou déplaisent.

256. Dans toutes les professions chacun affecte une mine et un extérieur pour paraître ce qu'il veut qu'on le croie. Ainsi on peut dire que le monde n'est composé que de mines.

257. La gravité est un mystère du corps inventé pour cacher les défauts de l'esprit.

258. Le bon goût vient plus du jugement que de l'esprit.

259. Le plaisir de l'amour est d'aimer ; et l'on est plus heureux par la passion que l'on a que par celle que l'on donne.

260. La civilité est un désir d'en recevoir, et d'être estimé poli.

261. L'éducation que l'on donne d'ordinaire aux jeunes gens [38] est un second amour-propre qu'on leur inspire.

262. Il n'y a point de passion où l'amour de soi-même règne si puissamment que dans l'amour ; et on est toujours plus disposé à sacrifier le repos de ce qu'on aime qu'à perdre le sien.

263. Ce qu'on nomme libéralité n'est le plus souvent que la vanité de donner, que nous aimons mieux que ce que nous donnons.

264. La pitié est souvent un sentiment de nos propres maux dans les maux d'autrui. C'est une habile prévoyance des malheurs où nous pouvons tomber ; nous donnons du secours aux autres pour les engager à nous en donner en de semblables occasions ; et ces services que nous leur rendons sont à proprement parler des biens que nous nous faisons à nous-mêmes par avance.

265. La petitesse de l'esprit fait l'opiniâtreté ; et nous ne croyons pas aisément ce qui est au-delà de ce que nous voyons.

266. C'est se tromper que de croire qu'il n'y ait que les violentes passions comme l'ambition et l'amour, qui puissent triompher des autres. La paresse, toute languissante qu'elle est, ne laisse pas d'en être souvent la maîtresse ; elle usurpe sur tous les desseins et sur toutes les actions de la vie ; elle y détruit et y consume insensiblement les passions et les vertus.

267. La promptitude à croire le mal sans l'avoir assez examiné est un effet de l'orgueil et de la paresse. On veut trouver des coupables ; et on ne veut pas se donner la peine d'examiner les crimes.

268. Nous récusons des juges pour les plus petits intérêts, et nous voulons bien que notre réputation et notre gloire dépendent du jugement des hommes, qui nous sont tous contraires, ou par leur jalousie, ou par leur préoccupation [39], ou par leur peu de lumière ; et ce n'est que pour les faire prononcer en notre faveur que nous exposons en tant de manières notre repos et notre vie.

269. Il n'y a guère d'homme assez habile pour connaître tout le mal qu'il fait.

270. L'honneur acquis est caution de celui qu'on doit acquérir.

271. La jeunesse est une ivresse continuelle : c'est la fièvre de la raison.

272. Rien ne devrait plus humilier les hommes qui ont mérité de grandes louanges, que le soin qu'ils prennent encore de se faire valoir par de petites choses.

273. Il y a des gens qu'on approuve dans le monde, qui n'ont pour tout mérite que les vices qui servent au commerce de la vie.

274. La grâce de la nouveauté est à l'amour ce que la fleur est sur les fruits; elle y donne un lustre qui s'efface aisément, et qui ne revient jamais.

275. Le bon naturel, qui se vante d'être si sensible, est souvent étouffé par le moindre intérêt.

276. L'absence diminue les médiocres passions, et augmente les grandes, comme le vent éteint les bougies et allume le feu.

277. Les femmes croient souvent aimer encore qu'elles n'aiment pas. L'occupation d'une intrigue, l'émotion d'esprit que donne la galanterie, la pente naturelle au plaisir d'être aimées, et la peine de refuser, leur persuadent qu'elles ont de la passion lorsqu'elles n'ont que de la coquetterie.

278. Ce qui fait que l'on est souvent mécontent de ceux qui négocient, est qu'ils abandonnent presque toujours l'intérêt de leurs amis pour l'intérêt du succès de la négociation, qui devient le leur par l'honneur d'avoir réussi à ce qu'ils avaient entrepris.

279. Quand nous exagérons la tendresse que nos amis ont pour nous, c'est souvent moins par reconnaissance que par le désir de faire juger de notre mérite.

280. L'approbation que l'on donne à ceux qui entrent dans le monde vient souvent de l'envie secrète que l'on porte à ceux qui y sont établis.

281. L'orgueil qui nous inspire tant d'envie nous sert souvent aussi à la modérer.

282. Il y a des faussetés déguisées qui représentent si bien la vérité que ce serait mal juger que de ne s'y pas laisser tromper.

283. Il n'y a pas quelquefois moins d'habileté à savoir profiter d'un bon conseil qu'à se bien conseiller soi-même.

284. Il y a des méchants qui seraient moins dangereux s'ils n'avaient aucune bonté.

285. La magnanimité est assez définie par son nom [40]; néanmoins on pourrait dire que c'est le bon sens de l'orgueil, et la voie la plus noble pour recevoir des louanges.

286. Il est impossible d'aimer une seconde fois ce qu'on a véritablement cessé d'aimer.

287. Ce n'est pas tant la fertilité de l'esprit qui nous fait trouver plusieurs expédients sur une même affaire, que c'est le défaut de lumière qui nous fait arrêter à tout ce qui se présente à notre imagination, et qui nous empêche de discerner d'abord ce qui est le meilleur.

288. Il y a des affaires et des maladies que les remèdes aigrissent en certains temps; et la grande habileté consiste à connaître quand il est dangereux d'en user.

289. La simplicité [41] affectée est une imposture délicate.

290. Il y a plus de défauts dans l'humeur que dans l'esprit.

291. Le mérite des hommes a sa saison aussi bien que les fruits.

292. On peut dire de l'humeur des hommes, comme de la plupart des bâtiments, qu'elle a diverses faces, les unes agréables, et les autres désagréables.

293. La modération ne peut avoir le mérite de combattre l'ambition et de la soumettre : elles ne se trouvent jamais ensemble. La modération est la langueur et la paresse de l'âme, comme l'ambition en est l'activité et l'ardeur.

294. Nous aimons toujours ceux qui nous admirent; et nous n'aimons pas toujours ceux que nous admirons.

295. Il s'en faut bien que nous ne connaissions toutes nos volontés.

296. Il est difficile d'aimer ceux que nous n'estimons

point; mais il ne l'est pas moins d'aimer ceux que nous estimons beaucoup plus que nous.

297. Les humeurs du corps ont un cours ordinaire et réglé, qui meut et qui tourne imperceptiblement notre volonté; elles roulent ensemble et exercent successivement un empire secret en nous : de sorte qu'elles ont une part considérable à toutes nos actions, sans que nous le puissions connaître.

298. La reconnaissance de la plupart des hommes n'est qu'une secrète envie de recevoir de plus grands bienfaits.

299. Presque tout le monde prend plaisir à s'acquitter des petites obligations; beaucoup de gens ont de la reconnaissance pour les médiocres; mais il n'y a quasi personne qui n'ait de l'ingratitude pour les grandes.

300. Il y a des folies qui se prennent comme les maladies contagieuses.

301. Assez de gens méprisent le bien, mais peu savent le donner.

302. Ce n'est d'ordinaire que dans de petits intérêts où nous prenons le hasard [42] de ne pas croire aux apparences.

303. Quelque bien qu'on nous dise de nous, on ne nous apprend rien de nouveau.

304. Nous pardonnons souvent à ceux qui nous ennuient, mais nous ne pouvons pardonner à ceux que nous ennuyons.

305. L'intérêt que l'on accuse de tous nos crimes mérite souvent d'être loué de nos bonnes actions.

306. On ne trouve guère d'ingrats tant qu'on est en état de faire du bien.

307. Il est aussi honnête d'être glorieux avec soi-même qu'il est ridicule de l'être avec les autres.

308. On a fait une vertu de la modération pour borner l'ambition des grands hommes, et pour consoler les gens

médiocres de leur peu de fortune, et de leur peu de mérite.

309. Il y a des gens destinés à être sots, qui ne font pas seulement des sottises par leur choix, mais que la fortune même contraint d'en faire.

310. Il arrive quelquefois des accidents dans la vie, d'où il faut être un peu fou pour se bien tirer.

311. S'il y a des hommes dont le ridicule n'ait jamais paru, c'est qu'on ne l'a pas bien cherché.

312. Ce qui fait que les amants et les maîtresses ne s'ennuient point d'être ensemble, c'est qu'ils parlent toujours d'eux-mêmes.

313. Pourquoi faut-il que nous ayons assez de mémoire pour retenir jusqu'aux moindres particularités de ce qui nous est arrivé, et que nous n'en ayons pas assez pour nous souvenir combien de fois nous les avons contées à une même personne ?

314. L'extrême plaisir que nous prenons à parler de nous-mêmes nous doit faire craindre de n'en donner guère à ceux qui nous écoutent.

315. Ce qui nous empêche d'ordinaire de faire voir le fond de notre cœur à nos amis, n'est pas tant la défiance que nous avons d'eux, que celle que nous avons de nous-mêmes.

316. Les personnes faibles ne peuvent être sincères.

317. Ce n'est pas un grand malheur d'obliger des ingrats, mais c'en est un insupportable d'être obligé à un malhonnête homme.

318. On trouve des moyens pour guérir de la folie, mais on n'en trouve point pour redresser un esprit de travers.

319. On ne saurait conserver longtemps les sentiments qu'on doit avoir pour ses amis et pour ses bienfaiteurs, si on se laisse la liberté de parler souvent de leurs défauts.

320. Louer les princes des vertus qu'ils n'ont pas, c'est leur dire impunément des injures.

321. Nous sommes plus près d'aimer ceux qui nous haïssent que ceux qui nous aiment plus que nous ne voulons.

322. Il n'y a que ceux qui sont méprisables qui craignent d'être méprisés.

323. Notre sagesse n'est pas moins à la merci de la fortune que nos biens.

324. Il y a dans la jalousie plus d'amour-propre que d'amour.

325. Nous nous consolons souvent par faiblesse des maux dont la raison n'a pas la force de nous consoler.

326. Le ridicule déshonore plus que le déshonneur.

327. Nous n'avouons de petits défauts que pour persuader que nous n'en avons pas de grands.

328. L'envie est plus irréconciliable que la haine.

329. On croit quelquefois haïr la flatterie, mais on ne hait que la manière de flatter.

330. On pardonne tant que l'on aime.

331. Il est plus difficile d'être fidèle à sa maîtresse quand on est heureux que quand on en est maltraité.

332. Les femmes ne connaissent pas toute leur coquetterie.

333. Les femmes n'ont point de sévérité complète sans aversion.

334. Les femmes peuvent moins surmonter leur coquetterie que leur passion.

335. Dans l'amour la tromperie va presque toujours plus loin que la méfiance.

336. Il y a une certaine sorte d'amour dont l'excès empêche la jalousie.

337. Il est de certaines bonnes qualités comme des sens : ceux qui en sont entièrement privés ne les peuvent apercevoir ni les comprendre.

338. Lorsque notre haine est trop vive, elle nous met au-dessous de ceux que nous haïssons.

339. Nous ne ressentons nos biens et nos maux qu'à proportion de notre amour-propre.

340. L'esprit de la plupart des femmes sert plus à fortifier leur folie que leur raison.

341. Les passions de la jeunesse ne sont guère plus opposées au salut que la tiédeur des vieilles gens.

342. L'accent du pays où l'on est né demeure dans l'esprit et dans le cœur, comme dans le langage.

343. Pour être un grand homme, il faut savoir profiter de toute sa fortune.

344. La plupart des hommes ont comme les plantes des propriétés cachées, que le hasard fait découvrir.

345. Les occasions nous font connaître aux autres, et encore plus à nous-mêmes.

346. Il ne peut y avoir de règle dans l'esprit ni dans le cœur des femmes, si le tempérament n'en est d'accord.

347. Nous ne trouvons guère de gens de bon sens, que ceux qui sont de notre avis.

348. Quand on aime, on doute souvent de ce qu'on croit le plus.

349. Le plus grand miracle de l'amour, c'est de guérir de la coquetterie.

350. Ce qui nous donne tant d'aigreur contre ceux qui nous font des finesses, c'est qu'ils croient être plus habiles que nous.

351. On a bien de la peine à rompre, quand on ne s'aime plus.

352. On s'ennuie presque toujours avec les gens avec qui il n'est pas permis de s'ennuyer [43].

353. Un honnête homme peut être amoureux comme un fou, mais non pas comme un sot.

354. Il y a de certains défauts qui, bien mis en œuvre, brillent plus que la vertu même.

355. On perd quelquefois des personnes qu'on regrette plus qu'on n'en est affligé; et d'autres dont on est affligé, et qu'on ne regrette guère.

356. Nous ne louons d'ordinaire de bon cœur que ceux qui nous admirent.

357. Les petits esprits sont trop blessés des petites choses; les grands esprits les voient toutes, et n'en sont point blessés.

358. L'humilité est la véritable preuve des vertus chrétiennes : sans elle nous conservons tous nos défauts, et ils sont seulement couverts par l'orgueil qui les cache aux autres, et souvent à nous-mêmes.

359. Les infidélités devraient éteindre l'amour, et il ne faudrait point être jaloux quand on a sujet de l'être. Il n'y a que les personnes qui évitent de donner de la jalousie qui soient dignes qu'on en ait pour elles.

360. On se décrie beaucoup plus auprès de nous par les moindres infidélités qu'on nous fait, que par les plus grandes qu'on fait aux autres.

361. La jalousie naît toujours avec l'amour, mais elle ne meurt pas toujours avec lui.

362. La plupart des femmes ne pleurent pas tant la mort de leurs amants pour les avoir aimés, que pour paraître plus dignes d'être aimées.

363. Les violences qu'on nous fait nous font souvent

moins de peine que celles que nous nous faisons à nous-mêmes.

364. On sait assez qu'il ne faut guère parler de sa femme; mais on ne sait pas assez qu'on devrait encore moins parler de soi.

365. Il y a de bonnes qualités qui dégénèrent en défauts quand elles sont naturelles, et d'autres qui ne sont jamais parfaites quand elles sont acquises. Il faut, par exemple, que la raison nous fasse ménagers de notre bien et de notre confiance; et il faut, au contraire, que la nature nous donne la bonté et la valeur.

366. Quelque défiance que nous ayons de la sincérité de ceux qui nous parlent, nous croyons toujours qu'ils nous disent plus vrai qu'aux autres.

367. Il y a peu d'honnêtes femmes qui ne soient lasses de leur métier.

368. La plupart des honnêtes femmes sont des trésors cachés, qui ne sont en sûreté que parce qu'on ne les cherche pas [44].

369. Les violences qu'on se fait pour s'empêcher d'aimer sont souvent plus cruelles que les rigueurs de ce qu'on aime.

370. Il n'y a guère de poltrons qui connaissent toujours toute leur peur.

371. C'est presque toujours la faute de celui qui aime de ne pas connaître quand on cesse de l'aimer [45].

372. La plupart des jeunes gens croient être naturels, lorsqu'ils ne sont que mal polis et grossiers.

373. Il y a de certaines larmes qui nous trompent souvent nous-mêmes après avoir trompé les autres.

374. Si on croit aimer sa maîtresse pour l'amour d'elle, on est bien trompé.

375. Les esprits médiocres condamnent d'ordinaire tout ce qui passe leur portée.

376. L'envie est détruite par la véritable amitié, et la coquetterie par le véritable amour.

377. Le plus grand défaut de la pénétration n'est pas de n'aller point jusqu'au but, c'est de le passer.

378. On donne des conseils mais on n'inspire point de conduite.

379. Quand notre mérite baisse, notre goût baisse aussi.

380. La fortune fait paraître nos vertus et nos vices, comme la lumière fait paraître les objets.

381. La violence qu'on se fait pour demeurer fidèle à ce qu'on aime ne vaut guère mieux qu'une infidélité.

382. Nos actions sont comme les bouts-rimés, que chacun fait rapporter à ce qu'il lui plaît.

383. L'envie de parler de nous, et de faire voir nos défauts du côté que nous voulons bien les montrer, fait une grande partie de notre sincérité.

384. On ne devrait s'étonner que de pouvoir encore s'étonner.

385. On est presque également difficile à contenter quand on a beaucoup d'amour et quand on n'en a plus guère.

386. Il n'y a point de gens qui aient plus souvent tort que ceux qui ne peuvent souffrir d'en avoir.

387. Un sot n'a pas assez d'étoffe pour être bon.

388. Si la vanité ne renverse pas entièrement les vertus, du moins elle les ébranle toutes.

389. Ce qui nous rend la vanité des autres insupportable, c'est qu'elle blesse la nôtre.

390. On renonce plus aisément à son intérêt qu'à son goût.

391. La fortune ne paraît jamais si aveugle qu'à ceux à qui elle ne fait pas de bien.

392. Il faut gouverner la fortune comme la santé : en jouir quand elle est bonne, prendre patience quand elle est mauvaise, et ne faire jamais de grands remèdes sans un extrême besoin.

393. L'air bourgeois se perd quelquefois à l'armée; mais il ne se perd jamais à la cour.

394. On peut être plus fin qu'un autre, mais non pas plus fin que tous les autres.

395. On est quelquefois moins malheureux d'être trompé de ce qu'on aime, que d'en être détrompé.

396. On garde longtemps son premier amant, quand on n'en prend point de second.

397. Nous n'avons pas le courage de dire en général que nous n'avons point de défauts, et que nos ennemis n'ont point de bonnes qualités; mais en détail nous ne sommes pas trop éloignés de le croire.

398. De tous nos défauts, celui dont nous demeurons le plus aisément d'accord, c'est de la paresse; nous nous persuadons qu'elle tient à toutes les vertus paisibles et que, sans détruire entièrement les autres, elle en suspend seulement les fonctions.

399. Il y a une élévation qui ne dépend point de la fortune : c'est un certain air qui nous distingue et qui semble nous destiner aux grandes choses; c'est un prix que nous nous donnons imperceptiblement à nous-mêmes; c'est par cette qualité que nous usurpons les déférences des autres hommes, et c'est elle d'ordinaire qui nous met plus au-dessus d'eux que la naissance, les dignités, et le mérite même.

400. Il y a du mérite sans élévation, mais il n'y a point d'élévation sans quelque mérite.

401. L'élévation est au mérite ce que la parure est aux belles personnes.

402. Ce qui se trouve le moins dans la galanterie, c'est de l'amour.

403. La fortune se sert quelquefois de nos défauts pour nous élever, et il y a des gens incommodes dont le mérite serait mal récompensé si on ne voulait acheter leur absence.

404. Il semble que la nature ait caché dans le fond de notre esprit des talents et une habileté que nous ne connaissons pas; les passions seules ont le droit de les mettre au jour, et de nous donner quelquefois des vues plus certaines et plus achevées que l'art ne saurait faire.

405. Nous arrivons tout nouveaux aux divers âges de la vie, et nous y manquons souvent d'expérience malgré le nombre des années.

406. Les coquettes se font honneur d'être jalouses de leurs amants, pour cacher qu'elles sont envieuses des autres femmes.

407. Il s'en faut bien que ceux qui s'attrapent à nos finesses ne nous paraissent aussi ridicules que nous nous le paraissons à nous-mêmes quand les finesses des autres nous ont attrapés.

408. Le plus dangereux ridicule des vieilles personnes qui ont été aimables, c'est d'oublier qu'elles ne le sont plus.

409. Nous aurions souvent honte de nos plus belles actions si le monde voyait tous les motifs qui les produisent.

410. Le plus grand effort de l'amitié n'est pas de montrer nos défauts à un ami; c'est de lui faire voir les siens.

411. On n'a guère de défauts qui ne soient plus pardonnables que les moyens dont on se sert pour les cacher.

412. Quelque honte que nous ayons méritée, il est presque toujours en notre pouvoir de rétablir notre réputation.

413. On ne plaît pas longtemps quand on n'a que d'une sorte d'esprit [46].

414. Les fous et les sottes gens ne voient que par leur humeur.

415. L'esprit nous sert quelquefois à faire hardiment des sottises [47].

416. La vivacité qui augmente en vieillissant ne va pas loin de la folie.

417. En amour celui qui est guéri le premier est toujours le mieux guéri.

418. Les jeunes femmes qui ne veulent point paraître coquettes, et les hommes d'un âge avancé qui ne veulent pas être ridicules, ne doivent jamais parler de l'amour comme d'une chose où ils puissent avoir part.

419. Nous pouvons paraître grands dans un emploi au-dessous de notre mérite, mais nous paraissons souvent petits dans un emploi plus grand que nous.

420. Nous croyons souvent avoir de la constance dans les malheurs, lorsque nous n'avons que de l'abattement, et nous les souffrons sans oser les regarder comme les poltrons se laissent tuer de peur de se défendre.

421. La confiance fournit plus à la conversation que l'esprit.

422. Toutes les passions nous font faire des fautes, mais l'amour nous en fait faire de plus ridicules.

423. Peu de gens savent être vieux.

424. Nous nous faisons honneur des défauts opposés à ceux que nous avons : quand nous sommes faibles, nous nous vantons d'être opiniâtres.

425. La pénétration a un air de deviner qui flatte plus notre vanité que toutes les autres qualités de l'esprit.

426. La grâce de la nouveauté et la longue habitude,

quelque opposées qu'elles soient, nous empêchent également de sentir les défauts de nos amis.

427. La plupart des amis dégoûtent de l'amitié, et la plupart des dévots dégoûtent de la dévotion.

428. Nous pardonnons aisément à nos amis les défauts qui ne nous regardent pas.

429. Les femmes qui aiment pardonnent plus aisément les grandes indiscrétions que les petites infidélités.

430. Dans la vieillesse de l'amour comme dans celle de l'âge on vit encore pour les maux, mais on ne vit plus pour les plaisirs.

431. Rien n'empêche tant d'être naturel que l'envie de le paraître.

432. C'est en quelque sorte se donner part aux belles actions, que de les louer de bon cœur.

433. La plus véritable marque d'être né avec de grandes qualités, c'est d'être né sans envie.

434. Quand nos amis nous ont trompés, on ne doit que de l'indifférence aux marques de leur amitié, mais on doit toujours de la sensibilité à leurs malheurs.

435. La fortune et l'humeur gouvernent le monde.

436. Il est plus aisé de connaître l'homme en général que de connaître un homme en particulier.

437. On ne doit pas juger du mérite d'un homme par ses grandes qualités, mais par l'usage qu'il en sait faire.

438. Il y a une certaine reconnaissance vive qui ne nous acquitte pas seulement des bienfaits que nous avons reçus, mais qui fait même que nos amis nous doivent en leur payant ce que nous leur devons.

439. Nous ne désirerions guère de choses avec ardeur, si nous connaissions parfaitement ce que nous désirons.

440. Ce qui fait que la plupart des femmes sont peu touchées de l'amitié, c'est qu'elle est fade quand on a senti de l'amour.

441. Dans l'amitié comme dans l'amour on est souvent plus heureux par les choses qu'on ignore que par celles que l'on sait.

442. Nous essayons de nous faire honneur des défauts que nous ne voulons pas corriger.

443. Les passions les plus violentes nous laissent quelquefois du relâche, mais la vanité nous agite toujours.

444. Les vieux fous sont plus fous que les jeunes.

445. La faiblesse est plus opposée à la vertu que le vice.

446. Ce qui rend les douleurs de la honte et de la jalousie si aiguës, c'est que la vanité ne peut servir à les supporter.

447. La bienséance est la moindre de toutes les lois, et la plus suivie.

448. Un esprit droit a moins de peine de se soumettre aux esprits de travers que de les conduire.

449. Lorsque la fortune nous surprend en nous donnant une grande place sans nous y avoir conduits par degrés, ou sans que nous nous y soyons élevés par nos espérances, il est presque impossible de s'y bien soutenir, et de paraître digne de l'occuper.

450. Notre orgueil s'augmente souvent de ce que nous retranchons de nos autres défauts.

451. Il n'y a point de sots si incommodes que ceux qui ont de l'esprit.

452. Il n'y a point d'homme qui se croie en chacune de ses qualités au-dessous de l'homme du monde qu'il estime le plus.

453. Dans les grandes affaires on doit moins s'appli-

quer à faire naître [48] des occasions qu'à profiter de celles qui se présentent.

454. Il n'y a guère d'occasion où l'on fit un méchant marché de renoncer au bien qu'on dit de nous, à condition de n'en dire point de mal.

455. Quelque disposition qu'ait le monde à mal juger, il fait encore plus souvent grâce au faux mérite qu'il ne fait injustice au véritable.

456. On est quelquefois un sot avec de l'esprit, mais on ne l'est jamais avec du jugement.

457. Nous gagnerions plus de nous laisser voir tels que nous sommes, que d'essayer de paraître ce que nous ne sommes pas.

458. Nos ennemis approchent plus de la vérité dans les jugements qu'ils font de nous que nous n'en approchons nous-mêmes.

459. Il y a plusieurs remèdes qui guérissent de l'amour, mais il n'y en a point d'infaillibles.

460. Il s'en faut bien que nous connaissions tout ce que nos passions nous font faire.

461. La vieillesse est un tyran qui défend sur peine de la vie tous les plaisirs de la jeunesse.

462. Le même orgueil qui nous fait blâmer les défauts dont nous nous croyons exempts, nous porte à mépriser les bonnes qualités que nous n'avons pas.

463. Il y a souvent plus d'orgueil que de bonté à plaindre les malheurs de nos ennemis; c'est pour leur faire sentir que nous sommes au-dessus d'eux que nous leur donnons des marques de compassion.

464. Il y a un excès de biens et de maux qui passe notre sensibilité.

465. Il s'en faut bien que l'innocence ne trouve autant de protection que le crime.

466. De toutes les passions violentes, celle qui sied le moins mal aux femmes, c'est l'amour.

467. La vanité nous fait faire plus de choses contre notre goût que la raison.

468. Il y a de méchantes qualités qui font de grands talents.

469. On ne souhaite jamais ardemment ce qu'on ne souhaite que par raison.

470. Toutes nos qualités sont incertaines et douteuses en bien comme en mal, et elles sont presque toutes à la merci des occasions.

471. Dans les premières passions les femmes aiment l'amant, et dans les autres elles aiment l'amour.

472. L'orgueil a ses bizarreries, comme les autres passions; on a honte d'avouer que l'on ait de la jalousie, et on se fait honneur d'en avoir eu, et d'être capable d'en avoir.

473. Quelque rare que soit le véritable amour, il l'est encore moins que la véritable amitié.

474. Il y a peu de femmes dont le mérite dure plus que la beauté.

475. L'envie d'être plaint, ou d'être admiré, fait souvent la plus grande partie de notre confiance.

476. Notre envie dure toujours plus longtemps que le bonheur de ceux que nous envions.

477. La même fermeté qui sert à résister à l'amour sert aussi à le rendre violent et durable, et les personnes faibles qui sont toujours agitées des passions n'en sont presque jamais véritablement remplies.

478. L'imagination ne saurait inventer tant de diverses contrariétés [49] qu'il y en a naturellement dans le cœur de chaque personne.

479. Il n'y a que les personnes qui ont de la fermeté qui puissent avoir une véritable douceur; celles qui paraissent douces n'ont d'ordinaire que de la faiblesse, qui se convertit aisément en aigreur.

480. La timidité est un défaut dont il est dangereux de reprendre les personnes qu'on en veut corriger.

481. Rien n'est plus rare que la véritable bonté; ceux mêmes qui croient en avoir n'ont d'ordinaire que de la complaisance ou de la faiblesse.

482. L'esprit s'attache par paresse et par constance à ce qui lui est facile ou agréable; cette habitude met toujours des bornes à nos connaissances, et jamais personne ne s'est donné la peine d'étendre et de conduire son esprit aussi loin qu'il pourrait aller.

483. On est d'ordinaire plus médisant par vanité que par malice.

484. Quand on a le cœur encore agité par les restes d'une passion, on est plus près d'en prendre une nouvelle que quand on est entièrement guéri.

485. Ceux qui ont eu de grandes passions se trouvent toute leur vie heureux, et malheureux, d'en être guéris.

486. Il y a encore plus de gens sans intérêt que sans envie.

487. Nous avons plus de paresse dans l'esprit que dans le corps.

488. Le calme ou l'agitation de notre humeur ne dépend pas tant de ce qui nous arrive de plus considérable dans la vie, que d'un arrangement commode ou désagréable de petites choses qui arrivent tous les jours.

489. Quelque méchants que soient les hommes, ils n'oseraient paraître ennemis de la vertu, et lorsqu'ils la veulent persécuter, ils feignent de croire qu'elle est fausse ou ils lui supposent des crimes.

490. On passe souvent de l'amour à l'ambition, mais on ne revient guère de l'ambition à l'amour.

491. L'extrême avarice se méprend presque toujours ; il n'y a point de passion qui s'éloigne plus souvent de son but, ni sur qui le présent ait tant de pouvoir au préjudice de l'avenir.

492. L'avarice produit souvent des effets contraires ; il y a un nombre infini de gens qui sacrifient tout leur bien à des espérances douteuses et éloignées, d'autres méprisent de grands avantages à venir pour de petits intérêts présents.

493. Il semble que les hommes ne se trouvent pas assez de défauts ; ils en augmentent encore le nombre par de certaines qualités singulières dont ils affectent de se parer, et ils les cultivent avec tant de soin qu'elles deviennent à la fin des défauts naturels, qu'il ne dépend plus d'eux de corriger.

494. Ce qui fait voir que les hommes connaissent mieux leurs fautes qu'on ne pense, c'est qu'ils n'ont jamais tort quand on les entend parler de leur conduite : le même amour-propre qui les aveugle d'ordinaire les éclaire alors, et leur donne des vues si justes qu'il leur fait supprimer [50] ou déguiser les moindres choses qui peuvent être condamnées.

495. Il faut que les jeunes gens qui entrent dans le monde soient honteux [51] ou étourdis : un air capable et composé se tourne d'ordinaire en impertinence.

496. Les querelles ne dureraient pas longtemps, si le tort n'était que d'un côté.

497. Il ne sert de rien d'être jeune sans être belle, ni d'être belle sans être jeune.

498. Il y a des personnes si légères et si frivoles qu'elles sont aussi éloignées d'avoir de véritables défauts que des qualités solides.

499. On ne compte d'ordinaire la première galanterie des femmes que lorsqu'elles en ont une seconde.

500. Il y a des gens si remplis d'eux-mêmes que, lorsqu'ils sont amoureux, ils trouvent moyen d'être occupés

de leur passion sans l'être de la personne qu'ils aiment.

501. L'amour, tout agréable qu'il est, plaît encore plus par les manières dont il se montre que par lui-même.

502. Peu d'esprit avec de la droiture ennuie moins, à la longue, que beaucoup d'esprit avec du travers.

503. La jalousie est le plus grand de tous les maux, et celui qui fait le moins de pitié aux personnes qui le causent.

504. Après avoir parlé de la fausseté de tant de vertus apparentes, il est raisonnable de dire quelque chose de la fausseté du mépris de la mort. J'entends parler [52] de ce mépris de la mort que les païens se vantent de tirer de leurs propres forces, sans l'espérance d'une meilleure vie. Il y a différence entre souffrir la mort constamment, et la mépriser. Le premier est assez ordinaire; mais je crois que l'autre n'est jamais sincère. On a écrit néanmoins tout ce qui peut le plus persuader que la mort n'est point un mal; et les hommes les plus faibles, aussi bien que les héros ont donné mille exemples célèbres pour établir cette opinion. Cependant je doute que personne de bon sens l'ait jamais cru; et la peine que l'on prend pour le persuader aux autres et à soi-même fait assez voir que cette entreprise n'est pas aisée. On peut avoir divers sujets de dégoût dans la vie, mais on n'a jamais raison de mépriser la mort; ceux mêmes qui se la donnent volontairement ne la comptent pas pour si peu de chose, et ils s'en étonnent [53] et la rejettent comme les autres, lorsqu'elle vient à eux par une autre voie que celle qu'ils ont choisie. L'inégalité que l'on remarque dans le courage d'un nombre infini de vaillants hommes vient de ce que la mort se découvre différemment à leur imagination, et y paraît plus présente en un temps qu'en un autre. Ainsi il arrive qu'après avoir méprisé ce qu'ils ne connaissent pas, ils craignent enfin ce qu'ils connaissent. Il faut éviter de l'envisager avec toutes ses circonstances, si on ne veut pas croire qu'elle soit le plus grand de tous les maux. Les plus habiles et les plus braves sont ceux qui prennent de plus honnêtes prétextes pour s'empêcher de la considérer. Mais tout homme qui la sait voir telle qu'elle est, trouve que c'est une chose épouvantable. La nécessité de mourir faisait toute la constance des philosophes. Ils croyaient qu'il fal-

lait aller de bonne grâce où l'on ne saurait s'empêcher d'aller; et, ne pouvant éterniser leur vie, il n'y avait rien qu'ils ne fissent pour éterniser leur réputation, et sauver du naufrage ce qui n'en peut être garanti [54]. Contentons-nous pour faire bonne mine de ne nous pas dire à nous-mêmes tout ce que nous en pensons, et espérons plus de notre tempérament que de ces faibles raisonnements qui nous font croire que nous pouvons approcher de la mort avec indifférence. La gloire de mourir avec fermeté, l'espérance d'être regretté, le désir de laisser une belle réputation, l'assurance d'être affranchi des misères de la vie, et de ne dépendre plus des caprices de la fortune, sont des remèdes qu'on ne doit pas rejeter. Mais on ne doit pas croire aussi qu'ils soient infaillibles. Ils font pour nous assurer ce qu'une simple haie fait souvent à la guerre pour assurer ceux qui doivent approcher d'un lieu d'où l'on tire. Quand on en est éloigné, on s'imagine qu'elle peut mettre à couvert; mais quand on en est proche, on trouve que c'est un faible secours. C'est nous flatter, de croire que la mort nous paraisse de près ce que nous en avons jugé de loin, et que nos sentiments, qui ne sont que faiblesse, soient d'une trempe assez forte pour ne point souffrir d'atteinte par la plus rude de toutes les épreuves. C'est aussi mal connaître les effets de l'amour-propre, que de penser qu'il puisse nous aider à compter pour rien ce qui le doit nécessairement détruire, et la raison, dans laquelle on croit trouver tant de ressources, est trop faible en cette rencontre pour nous persuader ce que nous voulons. C'est elle au contraire qui nous trahit le plus souvent, et qui, au lieu de nous inspirer le mépris de la mort, sert à nous découvrir ce qu'elle a d'affreux et de terrible. Tout ce qu'elle peut faire pour nous est de nous conseiller d'en détourner les yeux pour les arrêter sur d'autres objets. Caton et Brutus [55] en choisirent d'illustres. Un laquais se contenta il y a quelque temps de danser sur l'échafaud où il allait être roué. Ainsi, bien que les motifs soient différents, ils produisent les mêmes effets. De sorte qu'il est vrai que, quelque disproportion qu'il y ait entre les grands hommes et les gens du commun, on a vu mille fois les uns et les autres recevoir la mort d'un même visage; mais ç'a toujours été avec cette différence que, dans le mépris que les grands hommes font paraître pour la mort, c'est l'amour de la gloire qui leur en ôte la vue, et dans les gens du commun ce n'est qu'un effet de leur peu de lumière qui les empêche de

connaître la grandeur de leur mal et leur laisse la liberté
de penser à autre chose [56].

MAXIMES SUPPRIMÉES [57]

1° MAXIMES RETRANCHÉES
APRÈS LA PREMIÈRE ÉDITION

1. L'amour-propre est l'amour de soi-même, et de toutes choses pour soi; il rend les hommes idolâtres d'eux-mêmes, et les rendrait les tyrans des autres si la fortune leur en donnait les moyens; il ne se repose jamais hors de soi, et ne s'arrête dans les sujets étrangers que comme les abeilles sur les fleurs, pour en tirer ce qui lui est propre. Rien n'est si impétueux que ses désirs, rien de si caché que ses desseins, rien de si habile que ses conduites; ses souplesses ne se peuvent représenter, ses transformations passent celles des métamorphoses, et ses raffinements ceux de la chimie. On ne peut sonder la profondeur, ni percer les ténèbres de ses abîmes. Là il est à couvert des yeux les plus pénétrants; il y fait mille insensibles tours et retours. Là il est souvent invisible à lui-même, il y conçoit, il y nourrit, et il y élève, sans le savoir, un grand nombre d'affections et de haines; il en forme de si monstrueuses que, lorsqu'il les a mises au jour, il les méconnaît, ou il ne peut se résoudre à les avouer. De cette nuit qui le couvre naissent les ridicules persuasions qu'il a de lui-même; de là viennent ses erreurs, ses ignorances, ses grossièretés et ses niaiseries sur son sujet; de là vient qu'il croit que ses sentiments sont morts lorsqu'ils ne sont qu'endormis, qu'il s'imagine n'avoir plus envie de courir dès qu'il se repose, et qu'il pense avoir perdu tous les goûts qu'il a rassasiés. Mais cette obscurité épaisse, qui le cache à lui-même, n'empêche pas qu'il ne voie parfaitement ce qui est hors de lui, en quoi il est semblable à nos yeux, qui découvrent tout, et sont aveugles seulement pour eux-mêmes. En effet dans ses plus grands intérêts,

et dans ses plus importantes affaires, où la violence de ses souhaits appelle toute son attention, il voit, il sent, il entend, il imagine, il soupçonne, il pénètre, il devine tout ; de sorte qu'on est tenté de croire que chacune de ses passions a une espèce de magie qui lui est propre. Rien n'est si intime et si fort que ses attachements, qu'il essaye de rompre inutilement à la vue des malheurs extrêmes qui le menacent. Cependant il fait quelquefois en peu de temps, et sans aucun effort, ce qu'il n'a pu faire avec tous ceux dont il est capable dans le cours de plusieurs années ; d'où l'on pourrait conclure assez vraisemblablement que c'est par lui-même que ses désirs sont allumés, plutôt que par la beauté et par le mérite de ses objets ; que son goût est le prix qui les relève, et le fard qui les embellit ; que c'est après lui-même qu'il court, et qu'il suit son gré, lorsqu'il suit les choses qui sont à son gré. Il est tous les contraires : il est impérieux et obéissant, sincère et dissimulé, miséricordieux et cruel, timide et audacieux. Il a de différentes inclinations selon la diversité des tempéraments qui le tournent, et le dévouent tantôt à la gloire, tantôt aux richesses, et tantôt aux plaisirs ; il en change selon le changement de nos âges, de nos fortunes et de nos expériences ; mais il lui est indifférent d'en avoir plusieurs ou de n'en avoir qu'une, parce qu'il se partage en plusieurs et se ramasse en une quand il le faut, et comme il lui plaît. Il est inconstant, et outre les changements qui viennent des causes étrangères, il y en a une infinité qui naissent de lui, et de son propre fonds ; il est inconstant d'inconstance, de légèreté, d'amour, de nouveauté, de lassitude et de dégoût ; il est capricieux, et on le voit quelquefois travailler avec le dernier empressement, et avec des travaux incroyables, à obtenir des choses qui ne lui sont point avantageuses, et qui même lui sont nuisibles, mais qu'il poursuit parce qu'il les veut. Il est bizarre, et met souvent toute son application dans les emplois les plus frivoles ; il trouve tout son plaisir dans les plus fades, et conserve toute sa fierté dans les plus méprisables. Il est dans tous les états de la vie, et dans toutes les conditions ; il vit partout, et il vit de tout, il vit de rien ; il s'accommode des choses, et de leur privation ; il passe même dans le parti des gens qui lui font la guerre, il entre dans leurs desseins ; et ce qui est admirable, il se hait lui-même avec eux, il conjure sa perte, il travaille même à sa ruine. Enfin il ne se soucie que d'être, et pourvu qu'il soit, il veut bien être son ennemi. Il ne faut donc pas s'étonner s'il se joint quelquefois à la plus rude austérité, et s'il entre si hardiment en société avec elle pour se détruire, parce que, dans le même temps qu'il se ruine en un endroit, il se rétablit en un autre; quand on pense qu'il quitte son plaisir, il ne fait que le suspendre, ou le changer, et lors même qu'il est vaincu et qu'on croit en être défait, on le retrouve qui triomphe dans sa propre défaite. Voilà la peinture de l'amour-propre, dont toute la vie n'est qu'une grande et longue agitation; la mer en est une image sensible, et l'amour-propre trouve dans le flux et le reflux de ses vagues continuelles une fidèle expression de la succession turbulente de ses pensées, et de ses éternels mouvements [58].

2. Toutes les passions ne sont autre chose que les divers degrés de la chaleur, et de la froideur, du sang.

3. La modération dans la bonne fortune n'est que l'appréhension de la honte qui suit l'emportement, ou la peur de perdre ce que l'on a.

4. La modération est comme la sobriété : on voudrait bien manger davantage, mais on craint de se faire mal.

5. Tout le monde trouve à redire en autrui ce qu'on trouve à redire en lui [59].

6. L'orgueil, comme lassé de ses artifices et de ses différentes métamorphoses, après avoir joué tout seul tous les personnages de la comédie humaine, se montre avec un visage naturel, et se découvre par la fierté; de sorte qu'à proprement parler la fierté est l'éclat et la déclaration de l'orgueil.

7. La complexion qui fait le talent pour les petites choses est contraire à celle qu'il faut pour le talent des grandes.

8. C'est une espèce de bonheur, de connaître jusques à quel point on doit être malheureux.

9. On n'est jamais si malheureux qu'on croit, ni si heureux qu'on avait espéré.

10. On se console souvent d'être malheureux par un certain plaisir qu'on trouve à le paraître.

11. Il faudrait pouvoir répondre de sa fortune, pour pouvoir répondre de ce que l'on fera.

12. Comment peut-on répondre de ce qu'on voudra à l'avenir, puisque l'on ne sait pas précisément ce que l'on veut dans le temps présent ?

13. L'amour est à l'âme de celui qui aime ce que l'âme est au corps qu'elle anime.

14. La justice n'est qu'une vive appréhension qu'on ne nous ôte ce qui nous appartient; de là vient cette considération et ce respect pour tous les intérêts du prochain, et cette scrupuleuse application à ne lui faire aucun préjudice; cette crainte retient l'homme dans les bornes des biens que la naissance, ou la fortune, lui ont donnés, et sans cette crainte il ferait des courses [60] continuelles sur les autres.

15. La justice, dans les juges qui sont modérés, n'est que l'amour de leur élévation [61].

16. On blâme l'injustice, non pas par l'aversion que l'on a pour elle, mais pour le préjudice que l'on en reçoit.

17. Le premier mouvement de joie que nous avons du bonheur de nos amis ne vient ni de la bonté de notre naturel, ni de l'amitié que nous avons pour eux; c'est un effet de l'amour-propre qui nous flatte de l'espérance d'être heureux à notre tour, ou de retirer quelque utilité de leur bonne fortune.

18. Dans l'adversité de nos meilleurs amis, nous trouvons toujours quelque chose qui ne nous déplaît pas.

19. L'aveuglement des hommes est le plus dangereux effet de leur orgueil : il sert à le nourrir et à l'augmenter, et nous ôte la connaissance des remèdes qui pourraient soulager nos misères et nous guérir de nos défauts.

20. On n'a plus de raison, quand on n'espère plus d'en trouver aux autres.

21. Les philosophes, et Sénèque surtout, n'ont point ôté les crimes par leurs préceptes : ils n'ont fait que les employer au bâtiment de l'orgueil.

22. Les plus sages le sont dans les choses indifférentes, mais ils ne le sont presque jamais dans leurs plus sérieuses affaires.

23. La plus subtile folie se fait de la plus subtile sagesse [62].

24. La sobriété est l'amour de la santé, ou l'impuissance de manger beaucoup.

25. Chaque talent dans les hommes, de même que chaque arbre, a ses propriétés et ses effets qui lui sont tous particuliers.

26. On n'oublie jamais mieux les choses que quand on s'est lassé d'en parler.

27. La modestie, qui semble refuser les louanges, n'est en effet qu'un désir d'en avoir de plus délicates.

28. On ne blâme le vice et on ne loue la vertu que par intérêt.

29. L'amour-propre empêche bien que celui qui nous flatte ne soit jamais celui qui nous flatte le plus.

30. On ne fait point de distinction dans les espèces de colères, bien qu'il y en ait une légère et quasi innocente, qui vient de l'ardeur de la complexion, et une autre très criminelle, qui est à proprement parler la fureur de l'orgueil.

31. Les grandes âmes ne sont pas celles qui ont moins de passions et plus de vertu que les âmes communes, mais celles seulement qui ont de plus grands desseins.

32. La férocité naturelle fait moins de cruels que l'amour-propre [63].

33. On peut dire de toutes nos vertus ce qu'un poète italien a dit de l'honnêteté des femmes, que ce n'est souvent autre chose qu'un art de paraître honnête [64].

34. Ce que le monde nomme vertu [65] n'est d'ordinaire qu'un fantôme formé par nos passions, à qui on donne

un nom honnête, pour faire impunément ce qu'on veut.

35. Nous n'avouons jamais nos défauts que par vanité.

36. On ne trouve point dans l'homme le bien ni le mal dans l'excès.

37. Ceux qui sont incapables de commettre de grands crimes n'en soupçonnent pas facilement les autres.

38. La pompe des enterrements regarde plus la vanité des vivants que l'honneur des morts.

39. Quelque incertitude et quelque variété qui paraisse dans le monde, on y remarque néanmoins un certain enchaînement secret, et un ordre réglé de tout temps par la Providence, qui fait que chaque chose marche en son rang, et suit le cours de sa destinée.

40. L'intrépidité doit soutenir le cœur dans les conjurations, au lieu que la seule valeur lui fournit toute la fermeté qui lui est nécessaire dans les périls de la guerre.

41. Ceux qui voudraient définir la victoire par sa naissance seraient tentés comme les poètes de l'appeler la fille du Ciel, puisqu'on ne trouve point son origine sur la terre. En effet [66] elle est produite par une infinité d'actions qui, au lieu de l'avoir pour but, regardent seulement les intérêts particuliers de ceux qui les font, puisque tous ceux qui composent une armée, allant à leur propre gloire et à leur élévation, procurent un bien si grand et si général.

42. On ne peut répondre de son courage quand on n'a jamais été dans le péril.

43. L'imitation est toujours malheureuse, et tout ce qui est contrefait déplaît avec les mêmes choses qui charment lorsqu'elles sont naturelles.

44. Il est bien malaisé de distinguer la bonté générale, et répandue sur tout le monde, de la grande habileté.

45. Pour pouvoir être toujours bon, il faut que les autres croient qu'ils ne peuvent jamais nous être impunément méchants.

46. La confiance de plaire est souvent un moyen de déplaire [67] infailliblement.

47. La confiance que l'on a en soi fait naître la plus grande partie de celle que l'on a aux autres.

48. Il y a une révolution générale qui change le goût des esprits, aussi bien que les fortunes du monde.

49. La vérité est le fondement et la raison de la perfection, et de la beauté; une chose, de quelque nature qu'elle soit, ne saurait être belle, et parfaite, si elle n'est véritablement tout ce qu'elle doit être, et si elle n'a tout ce qu'elle doit avoir.

50. Il y a de belles choses qui ont plus d'éclat quand elles demeurent imparfaites que quand elles sont trop achevées.

51. La magnanimité est un noble effort de l'orgueil par lequel il rend l'homme maître de lui-même pour le rendre maître de toutes choses.

52. Le luxe et la trop grande politesse dans les États sont le présage assuré de leur décadence parce que, tous les particuliers s'attachant à leurs intérêts propres, ils se détournent du bien public.

53. Rien ne prouve tant que les philosophes ne sont pas si persuadés qu'ils disent que la mort n'est pas un mal, que le tourment qu'ils se donnent pour établir l'immortalité de leur nom par la perte de la vie.

54. De toutes les passions celle qui est la plus inconnue à nous-mêmes, c'est la paresse; elle est la plus ardente et la plus maligne de toutes, quoique sa violence soit insensible, et que les dommages qu'elle cause soient très cachés; si nous considérons attentivement son pouvoir, nous verrons qu'elle se rend en toutes rencontres maîtresse de nos sentiments, de nos intérêts et de nos plaisirs; c'est la rémore [68] qui a la force d'arrêter les plus grands vaisseaux, c'est une bonace [69] plus dangereuse aux plus importantes affaires que les écueils, et que les plus grandes tempêtes; le repos de la paresse est un charme secret de l'âme qui suspend soudainement les plus

ardentes poursuites et les plus opiniâtres résolutions ; pour donner enfin la véritable idée de cette passion, il faut dire que la paresse est comme une béatitude de l'âme, qui la console de toutes ses pertes, et qui lui tient lieu de tous les biens.

55. Il est plus facile de prendre de l'amour quand on n'en a pas, que de s'en défaire quand on en a.

56. La plupart des femmes se rendent plutôt par faiblesse que par passion ; de là vient que pour l'ordinaire les hommes entreprenants réussissent mieux que les autres, quoiqu'ils ne soient pas plus aimables.

57. N'aimer guère en amour est un moyen assuré pour être aimé.

58. La sincérité que se demandent les amants et les maîtresses, pour savoir l'un et l'autre quand ils cesseront de s'aimer, est bien moins pour vouloir être avertis quand on ne les aimera plus que pour être mieux assurés qu'on les aime lorsque l'on ne dit point le contraire.

59. La plus juste comparaison qu'on puisse faire de l'amour, c'est celle de la fièvre ; nous n'avons non plus de pouvoir sur l'un que sur l'autre, soit pour sa violence ou pour sa durée.

60. La plus grande habileté des moins habiles est de se savoir soumettre à la bonne conduite d'autrui.

2° MAXIME RETRANCHÉE APRÈS LA DEUXIÈME ÉDITION

61. Quand on ne trouve pas son repos en soi-même, il est inutile de le chercher ailleurs.

3° MAXIMES RETRANCHÉES APRÈS LA QUATRIÈME ÉDITION

62. Comme on n'est jamais en liberté d'aimer, ou de cesser d'aimer, l'amant ne peut se plaindre avec justice de l'inconstance de sa maîtresse, ni elle de la légèreté de son amant.

63. Quand nous sommes las d'aimer, nous sommes bien aises qu'on nous devienne infidèle, pour nous dégager de notre fidélité.

, 64. Comment prétendons-nous qu'un autre garde notre secret si nous ne pouvons le garder nous-mêmes ?

65. Il n'y en a point qui pressent tant les autres que les paresseux lorsqu'ils ont satisfait à leur paresse, afin de paraître diligents.

66. C'est une preuve de peu d'amitié de ne s'apercevoir pas du refroidissement de celle de nos amis.

67. Les rois font des hommes comme des pièces de monnaie; ils les font valoir ce qu'ils veulent, et l'on est forcé de les recevoir selon leur cours, et non pas selon leur véritable prix.

68. Il y a des crimes qui deviennent innocents et même glorieux par leur éclat, leur nombre et leur excès. De là vient que les voleries publiques sont des habiletés, et que prendre des provinces injustement s'appelle faire des conquêtes.

69. On donne plus aisément des bornes à sa reconnaissance qu'à ses espérances et qu'à ses désirs.

70. Nous ne regrettons pas toujours la perte de nos amis par la considération de leur mérite, mais par celle de nos besoins et de la bonne opinion qu'ils avaient de nous.

71. On aime à deviner les autres; mais l'on n'aime pas à être deviné.

72. C'est une ennuyeuse maladie que de conserver sa santé par un trop grand régime.

73. On craint toujours de voir ce qu'on aime, quand on vient de faire des coquetteries ailleurs.

74. On doit se consoler de ses fautes, quand on a la force de les avouer.

MAXIMES POSTHUMES [70]

1. Comme la plus heureuse personne du monde est celle à qui peu de choses suffit, les grands et les ambitieux sont en ce point les plus misérables qu'il leur faut l'assemblage d'une infinité de biens pour les rendre heureux.

2. La finesse n'est qu'une pauvre habileté.

3. Les philosophes ne condamnent les richesses que par le mauvais usage que nous en faisons; il dépend de nous de les acquérir et de nous en servir sans crime et, au lieu qu'elles nourrissent et accroissent les vices, comme le bois entretient et augmente le feu, nous pouvons les consacrer à toutes les vertus et les rendre même par là plus agréables et plus éclatantes.

4. La ruine du prochain plaît aux amis et aux ennemis.

5. Chacun pense être plus fin que les autres.

6. On ne saurait compter toutes les espèces de vanité.

7. Ce qui nous empêche souvent de bien juger des sentences qui prouvent la fausseté des vertus, c'est que nous croyons trop aisément qu'elles sont véritables en nous.

8. Nous craignons toutes choses comme mortels, et nous désirons toutes choses comme si nous étions immortels.

9. Dieu a mis des talents différents dans l'homme comme il a planté de différents arbres dans la nature, en sorte que chaque talent de même que chaque arbre a ses propriétés et ses effets qui lui sont tous particuliers; de là vient que le poirier le meilleur du monde ne saurait porter les pommes les plus communes, et que le talent le plus excellent ne saurait produire les mêmes effets des talents les plus communs; de là vient encore qu'il est aussi ridicule de vouloir faire des sentences sans en avoir la graine en soi que de vouloir qu'un parterre produise des tulipes quoiqu'on n'y ait point semé les oignons.

10. Une preuve convaincante que l'homme n'a pas été créé comme il est, c'est que plus il devient raisonnable et plus il rougit en soi-même de l'extravagance, de la bassesse et de la corruption de ses sentiments et de ses inclinations.

11. Il ne faut pas s'offenser que les autres nous cachent la vérité puisque nous nous la cachons si souvent nous-mêmes.

12. Rien ne prouve davantage combien la mort est redoutable que la peine que les philosophes se donnent pour persuader qu'on la doit mépriser.

13. Il semble que c'est le diable qui a tout exprès placé la paresse sur la frontière de plusieurs vertus.

14. La fin du bien est un mal; la fin du mal est un bien.

15. On blâme aisément les défauts des autres, mais on s'en sert rarement à corriger les siens.

16. Les biens et les maux qui nous arrivent ne nous touchent pas selon leur grandeur, mais selon notre sensibilité.

17. Ceux qui prisent trop leur noblesse ne prisent d'ordinaire pas assez ce qui en est l'origine.

18. Le remède de la jalousie est la certitude de ce qu'on craint, parce qu'elle cause la fin de la vie ou la fin de l'amour; c'est un cruel remède, mais il est plus doux que les doutes et les soupçons.

19. Il est difficile de comprendre combien est grande la ressemblance et la différence qu'il y a entre tous les hommes.

20. Ce qui fait tant disputer contre les maximes qui découvrent le cœur de l'homme, c'est que l'on craint d'y être découvert.

21. L'homme est si misérable que, tournant toutes ses conduites à satisfaire ses passions, il gémit incessamment sous leur tyrannie; il ne peut supporter ni leur violence ni celle qu'il faut qu'il se fasse pour s'affranchir de leur joug; il trouve du dégoût non seulement dans ses vices, mais encore dans leurs remèdes, et ne peut s'accommoder ni des chagrins de ses maladies ni du travail de sa guérison.

22. Dieu a permis, pour punir l'homme du péché originel, qu'il se fît un dieu de son amour-propre pour en être tourmenté dans toutes les actions de sa vie.

23. L'espérance et la crainte sont inséparables, et il n'y a point de crainte sans espérance ni d'espérance sans crainte.

24. Le pouvoir que les personnes que nous aimons ont sur nous est presque toujours plus grand que celui que nous y avons nous-mêmes.

25. Ce qui nous fait croire si facilement que les autres ont des défauts, c'est la facilité que l'on a de croire ce qu'on souhaite.

26. L'intérêt est l'âme de l'amour-propre, de sorte que, comme le corps, privé de son âme, est sans vue, sans ouïe, sans connaissance, sans sentiment et sans mouvement, de même l'amour-propre séparé, s'il le faut dire ainsi, de son intérêt, ne voit, n'entend, ne sent et ne se remue plus; de là vient qu'un même homme qui court la terre et les mers pour son intérêt devient soudainement paralytique pour l'intérêt des autres; de là vient le soudain assoupissement et cette mort que nous causons à tous ceux à qui nous contons nos affaires; de là vient leur prompte résurrection lorsque dans notre narration nous y mêlons quelque chose qui les regarde; de sorte que

nous voyons dans nos conversations et dans nos traités [71]
que dans un même moment un homme perd connaissance
et revient à soi, selon que son propre intérêt s'approche
de lui ou qu'il s'en retire.

2⁰ MAXIMES FOURNIES PAR DES LETTRES

27. On ne donne des louanges que pour en profiter [72].

28. Les passions ne sont que les divers goûts de
l'amour-propre.

29. L'extrême ennui sert à nous désennuyer.

30. On loue et on blâme la plupart des choses parce
que c'est la mode de les louer ou de les blâmer [73].

31. Il n'est jamais plus difficile de bien parler que
lorsqu'on ne parle que de peur de se taire [74].

3⁰ MAXIMES FOURNIES PAR L'ÉDITION HOLLANDAISE DE 1664 [75]

32. Si on avait ôté à ce qu'on appelle force le désir de
conserver, et la crainte de perdre, il ne lui resterait pas
grand-chose.

33. La familiarité est un relâchement presque de toutes
les règles de la vie civile, que le libertinage a introduit
dans la société pour nous faire parvenir à celle qu'on
appelle commode. C'est un effet de l'amour-propre qui,
voulant tout accommoder à notre faiblesse, nous soustrait
à l'honnête sujétion que nous imposent les bonnes mœurs
et, pour chercher trop les moyens de nous les rendre
commodes, le fait dégénérer en vices. Les femmes, ayant
naturellement plus de mollesse que les hommes, tombent
plutôt dans ce relâchement, et y perdent davantage : l'autorité du sexe ne se maintient pas, le respect qu'on lui
doit diminue, et l'on peut dire que l'honnête y perd la
plus grande partie de ses droits.

34. La raillerie est une gaieté agréable de l'esprit, qui
enjoue la conversation, et qui lie la société si elle est obli-

geante, ou qui la trouble si elle ne l'est pas. Elle est plus
pour celui qui la fait que pour celui qui la souffre. C'est
toujours un combat de bel esprit, que produit la vanité;
d'où vient que ceux qui en manquent pour la soutenir,
et ceux qu'un défaut reproché fait rougir, s'en offensent
également, comme d'une défaite injurieuse qu'ils ne sauraient pardonner. C'est un poison qui tout pur éteint
l'amitié et excite la haine, mais qui corrigé par l'agrément
de l'esprit, et la flatterie de la louange, l'acquiert ou la
conserve; et il en faut user sobrement avec ses amis et
avec les faibles.

4° MAXIMES FOURNIES PAR LE SUPPLÉMENT DE
L'ÉDITION DE 1693

35. Force gens veulent être dévots, mais personne ne
veut être humble.

36. Le travail du corps délivre des peines de l'esprit,
et c'est ce qui rend les pauvres heureux.

37. Les véritables mortifications sont celles qui ne sont
point connues; la vanité rend les autres faciles.

38. L'humilité est l'autel sur lequel Dieu veut qu'on
lui offre des sacrifices.

39. Il faut peu de choses pour rendre le sage heureux;
rien ne peut rendre un fol content; c'est pourquoi presque
tous les hommes sont misérables.

40. Nous nous tourmentons moins pour devenir heureux que pour faire croire que nous le sommes.

41. Il est bien plus aisé d'éteindre un premier désir
que de satisfaire tous ceux qui le suivent.

42. La sagesse est à l'âme ce que la santé est pour le
corps.

43. Les grands de la terre ne pouvant donner la santé
du corps ni le repos d'esprit, on achète toujours trop cher
tous les biens qu'ils peuvent faire.

44. Avant que de désirer fortement une chose, il faut
examiner quel est le bonheur de celui qui la possède.

45. Un véritable ami est le plus grand de tous les biens et celui de tous qu'on songe le moins à acquérir.

46. Les amants ne voient les défauts de leurs maîtresses que lorsque leur enchantement est fini.

47. La prudence et l'amour ne sont pas faits l'un pour l'autre : à mesure que l'amour croît, la prudence diminue.

48. Il est quelquefois agréable à un mari d'avoir une femme jalouse : il entend toujours parler de ce qu'il aime.

49. Qu'une femme est à plaindre, quand elle a tout ensemble de l'amour et de la vertu!

50. Le sage trouve mieux son compte à ne point s'engager qu'à vaincre.

51. Il est plus nécessaire d'étudier les hommes que les livres.

52. Le bonheur ou le malheur vont d'ordinaire à ceux qui ont le plus de l'un ou de l'autre.

53. On ne se blâme que pour être loué.

54. Il n'est rien de plus naturel ni de plus trompeur que de croire qu'on est aimé.

55. Nous aimons mieux voir ceux à qui nous faisons du bien que ceux qui nous en font.

56. Il est plus difficile de dissimuler les sentiments que l'on a que de feindre ceux que l'on n'a pas.

57. Les amitiés renouées demandent plus de soins que celles qui n'ont jamais été rompues.

58. Un homme à qui personne ne plaît est bien plus malheureux que celui qui ne plaît à personne.

5° MAXIMES FOURNIES PAR DES TÉMOIGNAGES DE CONTEMPORAINS

59. L'enfer des femmes, c'est la vieillesse [76].

60. Les soumissions et les bassesses que les seigneurs de la Cour font auprès des ministres qui ne sont pas de leur rang sont des lâchetés de gens de cœur.

61. L'honnêteté [n'est] d'aucun état en particulier, mais de tous les états en général [77].

RÉFLEXIONS DIVERSES

I. DU VRAI

Le vrai, dans quelque sujet qu'il se trouve, ne peut être effacé par aucune comparaison d'un autre vrai, et quelque différence qui puisse être entre deux sujets, ce qui est vrai dans l'un n'efface point ce qui est vrai dans l'autre : ils peuvent avoir plus ou moins d'étendue et être plus ou moins éclatants, mais ils sont toujours égaux par leur vérité, qui n'est pas plus vérité dans le plus grand que dans le plus petit. L'art de la guerre est plus étendu, plus noble et plus brillant que celui de la poésie; mais le poète et le conquérant sont comparables l'un à l'autre; [comme aussi [78],] en tant qu'ils sont véritablement ce qu'ils sont, le législateur et le peintre, etc.

Deux sujets de même nature peuvent être différents, et même opposés, comme le sont Scipion et Annibal, Fabius Maximus et Marcellus [79], cependant, parce que leurs qualités sont vraies, elles subsistent en présence l'une de l'autre, et ne s'effacent point par la comparaison. Alexandre et César donnent des royaumes; la veuve donne une pite [80] : quelque différents que soient ces présents, la libéralité est vraie et égale en chacun d'eux, et chacun donne à proportion de ce qu'il est.

Un sujet peut avoir plusieurs vérités, et un autre sujet peut n'en avoir qu'une : le sujet qui a plusieurs vérités est d'un plus grand prix, et peut briller par des endroits où l'autre ne brille pas; mais dans l'endroit où l'un et l'autre est vrai, ils brillent également. Épaminondas était grand capitaine, bon citoyen, grand philosophe; il était plus estimable que Virgile, parce qu'il avait plus de vérités que lui; mais comme grand capitaine, Épaminondas n'était pas plus excellent que Virgile comme grand poète, parce que, par cet endroit, il n'était pas plus vrai que lui. La cruauté de cet enfant qu'un consul fit mourir pour avoir crevé les yeux d'une corneille était moins importante que celle de Philippe second, qui fit mourir son fils, et elle était peut-être mêlée avec moins d'autres vices [81]; mais le degré de cruauté exercée sur un simple animal ne laisse pas de tenir son rang avec la cruauté des princes les plus cruels, parce que leurs différents degrés de cruauté ont une vérité égale.

Quelque disproportion qu'il y ait entre deux maisons qui ont les beautés qui leur conviennent, elles ne s'effacent point l'une l'autre : ce qui fait que Chantilly n'efface point Liancourt [82], bien qu'il ait infiniment plus de diverses beautés, et que Liancourt n'efface pas aussi Chantilly, c'est que Chantilly a les beautés qui conviennent à la grandeur de Monsieur le Prince, et que Liancourt a les beautés qui conviennent à un particulier, et qu'ils ont chacun de vraies beautés. On voit néanmoins des femmes d'une beauté éclatante, mais irrégulière, qui en effacent souvent de plus véritablement belles ; mais comme le goût, qui se prévient aisément, est le juge de la beauté, et que la beauté des plus belles personnes n'est pas toujours égale, s'il arrive que les moins belles effacent les autres, ce sera seulement durant quelques moments ; ce sera que la différence de la lumière et du jour fera plus ou moins discerner la vérité qui est dans les traits ou dans les couleurs, qu'elle fera paraître ce que la moins belle aura de beau, et empêchera de paraître ce qui est de vrai et de beau dans l'autre.

II. DE LA SOCIÉTÉ

Mon dessein n'est pas de parler de l'amitié en parlant de la société ; bien qu'elles aient quelque rapport, elles sont néanmoins très différentes : la première a plus d'élévation et de dignité, et le plus grand mérite de l'autre, c'est de lui ressembler. Je ne parlerai donc présentement que du commerce particulier que les honnêtes gens doivent avoir ensemble.

Il serait inutile de dire combien la société est nécessaire aux hommes : tous la désirent et tous la cherchent, mais peu se servent des moyens de la rendre agréable et de la faire durer. Chacun veut trouver son plaisir et ses avantages aux dépens des autres; on se préfère toujours à ceux avec qui on se propose de vivre, et on leur fait presque toujours sentir cette préférence; c'est ce qui trouble et qui détruit la société. Il faudrait du moins savoir cacher ce désir de préférence, puisqu'il est trop naturel en nous pour nous en pouvoir défaire; il faudrait faire son plaisir et celui des autres, ménager leur amour-propre, et ne le blesser jamais.

L'esprit a beaucoup de part à un si grand ouvrage, mais il ne suffit pas seul pour nous conduire dans les divers chemins qu'il faut tenir. Le rapport qui se rencontre entre les esprits ne maintiendrait pas longtemps la société, si elle n'était réglée et soutenue par le bon sens, par l'humeur, et par des égards qui doivent être entre les personnes qui veulent vivre ensemble. S'il arrive quelquefois que des gens opposés d'humeur et d'esprit paraissent unis, ils tiennent sans doute par des liaisons étrangères, qui ne durent pas longtemps. On peut être aussi en société avec des personnes sur qui nous avons de la supériorité par la naissance ou par des qualités personnelles; mais ceux qui ont cet avantage n'en doivent pas abuser; ils doivent rarement le faire sentir, et ne s'en servir que pour instruire les autres; ils doivent les faire apercevoir qu'ils ont besoin d'être conduits, et les mener par raison, en s'accommodant autant qu'il est possible à leurs sentiments et à leurs intérêts.

Pour rendre la société commode, il faut que chacun conserve sa liberté : il faut se voir, ou ne se voir point, sans sujétion, se divertir ensemble, et même s'ennuyer ensemble; il faut se pouvoir séparer, sans que cette séparation apporte de changement; il faut se pouvoir passer les uns des autres, si on ne veut pas s'exposer à embarrasser quelquefois, et on doit se souvenir qu'on incommode souvent, quand on croit ne pouvoir jamais incommoder. Il faut contribuer, autant qu'on le peut, au divertissement des personnes avec qui on veut vivre; mais il ne faut pas être toujours chargé du soin d'y contribuer. La complaisance est nécessaire dans la société, mais elle doit avoir des bornes : elle devient une servitude quand elle est excessive; il faut du moins qu'elle paraisse libre, et qu'en suivant le sentiment de nos amis, ils soient persuadés que c'est le nôtre aussi que nous suivons.

Il faut être facile à excuser nos amis, quand leurs

défauts sont nés avec eux, et qu'ils sont moindres que leurs bonnes qualités; il faut souvent éviter de leur faire voir qu'on les ait remarqués et qu'on en soit choqué, et on doit essayer de faire en sorte qu'ils puissent s'en apercevoir eux-mêmes, pour leur laisser le mérite de s'en corriger.

Il y a une sorte de politesse qui est nécessaire dans le commerce des honnêtes gens; elle leur fait entendre raillerie, et elle les empêche d'être choqués et de choquer les autres par de certaines façons de parler trop sèches et trop dures, qui échappent souvent sans y penser, quand on soutient son opinion avec chaleur.

Le commerce des honnêtes gens ne peut subsister sans une certaine sorte de confiance; elle doit être commune entre eux; il faut que chacun ait un air de sûreté et de discrétion qui ne donne jamais lieu de craindre qu'on puisse rien dire par imprudence.

Il faut de la variété dans l'esprit : ceux qui n'ont que d'une sorte d'esprit ne peuvent plaire longtemps. On peut prendre des routes diverses, n'avoir pas les mêmes vues ni les mêmes talents, pourvu qu'on aide au plaisir de la société, et qu'on y observe la même justesse que les différentes voix et les divers instruments doivent observer dans la musique.

Comme il est malaisé que plusieurs personnes puissent avoir les mêmes intérêts, il est nécessaire au moins, pour la douceur de la société, qu'ils n'en aient pas de contraires. On doit aller au-devant de ce qui peut plaire à ses amis, chercher les moyens de leur être utile, leur épargner des chagrins, leur faire voir qu'on les partage avec eux quand on ne peut les détourner, les effacer insensiblement sans prétendre de les arracher tout d'un coup, et mettre en la place des objets agréables, ou du moins qui les occupent. On peut leur parler des choses qui les regardent, mais ce n'est qu'autant qu'ils le permettent, et on y doit garder beaucoup de mesure; il y a de la politesse, et quelquefois même de l'humanité, à ne pas entrer trop avant dans les replis de leur cœur; ils ont souvent de la peine à laisser voir tout ce qu'ils en connaissent, et ils en ont encore davantage quand on pénètre ce qu'ils ne connaissent pas. Bien que le commerce que les honnêtes gens ont ensemble leur donne de la familiarité, et leur fournisse un nombre infini de sujets de se parler sincèrement, personne presque n'a assez de docilité et de bon sens pour bien recevoir plusieurs avis qui sont nécessaires pour maintenir la société : on veut être averti jusqu'à un certain point, mais on ne veut pas l'être en toutes choses, et on craint de savoir toutes sortes de vérités.

Comme on doit garder des distances pour voir les objets, il en faut garder aussi pour la société : chacun a son point de vue, d'où il veut être regardé; on a raison, le plus souvent, de ne vouloir pas être éclairé de trop près, et il n'y a presque point d'homme qui veuille, en toutes choses, se laisser voir tel qu'il est.

III. DE L'AIR ET DES MANIÈRES

Il y a un air qui convient à la figure et aux talents de chaque personne; on perd toujours quand on le quitte pour en prendre un autre. Il faut essayer de connaître celui qui nous est naturel, n'en point sortir, et le perfectionner autant qu'il nous est possible.

Ce qui fait que la plupart des petits enfants plaisent, c'est qu'ils sont encore renfermés dans cet air et dans ces manières que la nature leur a donnés, et qu'ils n'en connaissent point d'autres. Ils les changent et les corrompent quand ils sortent de l'enfance : ils croient qu'il faut imiter ce qu'ils voient faire aux autres, et ils ne le peuvent parfaitement imiter; il y a toujours quelque chose de faux et d'incertain dans cette imitation. Ils n'ont rien de fixe dans leurs manières ni dans leurs sentiments; au lieu d'être en effet ce qu'ils veulent paraître, ils cherchent à paraître ce qu'ils ne sont pas. Chacun veut être un autre, et n'être plus ce qu'il est : ils cherchent une contenance hors d'eux-mêmes, et un autre esprit que le leur; ils prennent des tons et des manières au hasard; ils en font l'expérience sur eux, sans considérer que ce qui convient à quelques-uns ne convient pas à tout le monde, qu'il n'y a point de règle générale pour les tons et pour les manières et qu'il n'y a point de bonnes copies. Deux hommes néanmoins peuvent avoir du rapport en plusieurs choses sans être copie l'un de l'autre, si chacun suit son naturel; mais personne presque ne le suit entièrement. On aime à imiter; on imite souvent, même sans s'en apercevoir, et on néglige ses propres biens pour des biens étrangers, qui d'ordinaire ne nous conviennent pas.

Je ne prétends pas, par ce que je dis, nous renfermer

tellement en nous-mêmes que nous n'ayons pas la liberté
de suivre des exemples, et de joindre à nous des qualités
utiles ou nécessaires que la nature ne nous a pas données .
les arts et les sciences conviennent à la plupart de ceux
qui s'en rendent capables, la bonne grâce et la politesse
conviennent à tout le monde; mais ces qualités acquises
doivent avoir un certain rapport et une certaine union
avec nos propres qualités, qui les étendent et les augmentent imperceptiblement.

Nous sommes quelquefois élevés à un rang et à des
dignités au-dessus de nous, nous sommes souvent engagés dans une profession nouvelle où la nature ne nous
avait pas destinés; tous ces états ont chacun un air qui
leur convient, mais qui ne convient pas toujours avec
notre air naturel; ce changement de notre fortune change
souvent notre air et nos manières, et y ajoute l'air de la
dignité, qui est toujours faux quand il est trop marqué et
qu'il n'est pas joint et confondu avec l'air que la nature
nous a donné : il faut les unir et les mêler ensemble et
qu'ils ne paraissent jamais séparés.

On ne parle pas de toutes choses sur un même ton et
avec les mêmes manières; on ne marche pas à la tête d'un
régiment comme on marche en se promenant. Mais il faut
qu'un même air nous fasse dire naturellement des choses
différentes, et qu'il nous fasse marcher différemment,
mais toujours naturellement, et comme il convient de
marcher à la tête d'un régiment et à une promenade.

Il y en a qui ne se contentent pas de renoncer à leur
air propre et naturel, pour suivre celui du rang et des
dignités où ils sont parvenus; il y en a même qui prennent
par avance l'air des dignités et du rang où ils aspirent.
[Combien de lieutenants généraux apprennent à paraître
maréchaux de France! Combien de gens de robe répètent
inutilement l'air de chancelier, et combien de bourgeoises
se donnent l'air de duchesses [83]!]

Ce qui fait qu'on déplaît souvent, c'est que personne
ne sait accorder son air et ses manières avec sa figure ni
ses tons et ses paroles avec ses pensées et ses sentiments;
on trouble leur harmonie par quelque chose de faux et
d'étranger; on s'oublie soi-même, et on s'en éloigne
insensiblement. Tout le monde presque tombe, par
quelque endroit, dans ce défaut; personne n'a l'oreille
assez juste pour entendre parfaitement cette sorte de
cadence. Mille gens déplaisent avec des qualités aimables,
mille gens plaisent avec de moindres talents : c'est que

les uns veulent paraître ce qu'ils ne sont pas, les autres
sont ce qu'ils paraissent; et enfin, quelques avantages ou
quelques désavantages que nous ayons reçus de la nature,
on plaît à proportion de ce qu'on suit l'air, les tons, les
manières et les sentiments qui conviennent à notre état
et à notre figure, et on déplaît à proportion de ce qu'on
s'en éloigne.

IV. DE LA CONVERSATION

Ce qui fait que si peu de personnes sont agréables dans
la conversation, c'est que chacun songe plus à ce qu'il
veut dire qu'à ce que les autres disent. Il faut écouter
ceux qui parlent, si on en veut être écouté; il faut leur
laisser la liberté de se faire entendre, et même de dire des
choses inutiles. Au lieu de les contredire ou de les inter-
rompre, comme on fait souvent, on doit, au contraire,
entrer dans leur esprit et dans leur goût, montrer qu'on
les entend, leur parler de ce qui les touche, louer ce qu'ils
disent autant qu'il mérite d'être loué, et faire voir que
c'est plus par choix qu'on le loue que par complaisance.
Il faut éviter de contester sur des choses indifférentes,
faire rarement des questions inutiles, ne laisser jamais
croire qu'on prétend avoir plus de raison que les autres,
et céder aisément l'avantage de décider.
On doit dire des choses naturelles, faciles et plus ou
moins sérieuses, selon l'humeur et l'inclination des personnes que l'on entretient, ne les presser pas d'approuver
ce qu'on dit, ni même d'y répondre. Quand on a satisfait
de cette sorte aux devoirs de la politesse, on peut dire ses
sentiments, sans prévention et sans opiniâtreté, en faisant
paraître qu'on cherche à les appuyer de l'avis de ceux
qui écoutent.
Il faut éviter de parler longtemps de soi-même, et de
se donner souvent pour exemple. On ne saurait avoir trop
d'application à connaître la pente et la portée de ceux à
qui on parle, pour se joindre à l'esprit de celui qui en a
le plus, et pour ajouter ses pensées aux siennes, en lui
faisant croire, autant qu'il est possible, que c'est de lui
qu'on les prend. Il y a de l'habileté à n'épuiser pas les
sujets qu'on traite, et à laisser toujours aux autres quelque
chose à penser et à dire.

On ne doit jamais parler avec des airs d'autorité, ni se servir de paroles et de termes plus grands que les choses. On peut conserver ses opinions, si elles sont raisonnables; mais en les conservant, il ne faut jamais blesser les sentiments des autres, ni paraître choqué de ce qu'ils ont dit. Il est dangereux de vouloir être toujours le maître de la conversation, et de parler trop souvent d'une même chose; on doit entrer indifféremment sur tous les sujets agréables qui se présentent, et ne faire jamais voir qu'on veut entraîner la conversation sur ce qu'on a envie de dire.

Il est nécessaire d'observer que toute sorte de conversation, quelque honnête et quelque spirituelle qu'elle soit, n'est pas également propre à toute sorte d'honnêtes gens : il faut choisir ce qui convient à chacun, et choisir même le temps de le dire; mais s'il y a beaucoup d'art à parler, il n'y en a pas moins à se taire. Il y a un silence éloquent : il sert quelquefois à approuver et à condamner; il y a un silence moqueur ; il y a un silence respectueux; il y a des airs, des tours et des manières qui font souvent ce qu'il y a d'agréable ou de désagréable, de délicat ou de choquant dans la conversation. Le secret de s'en bien servir est donné à peu de personnes; ceux mêmes qui en font des règles s'y méprennent quelquefois; la plus sûre, à mon avis, c'est de n'en point avoir qu'on ne puisse changer, de laisser plutôt voir des négligences dans ce qu'on dit que de l'affectation, d'écouter, de ne parler guère, et de ne se forcer jamais à parler.

V. DE LA CONFIANCE

Bien que la sincérité et la confiance aient du rapport, elles sont néanmoins différentes en plusieurs choses : la sincérité est une ouverture de cœur, qui nous montre tels que nous sommes; c'est un amour de la vérité, une répugnance à se déguiser, un désir de se dédommager de ses défauts, et de les diminuer même par le mérite de les avouer. La confiance ne nous laisse pas tant de liberté, ses règles sont plus étroites, elle demande plus de prudence et de retenue, et nous ne sommes pas toujours libres d'en disposer : il ne s'agit pas de nous uniquement, et nos intérêts sont mêlés d'ordinaire avec les intérêts des autres. Elle a besoin d'une grande justesse pour ne livrer pas nos amis en nous livrant nous-mêmes, et pour ne faire pas des présents de leur bien dans la vue d'augmenter le prix de ce que nous donnons.

La confiance plaît toujours à celui qui la reçoit : c'est un tribut que nous payons à son mérite; c'est un dépôt que l'on commet à sa foi; ce sont des gages qui lui donnent un droit sur nous, et une sorte de dépendance ou nous nous assujettissons volontairement. Je ne prétends pas détruire par ce que je dis la confiance, si nécessaire entre les hommes puisqu'elle est le lien de la société et de l'amitié; je prétends seulement y mettre des bornes, et la rendre honnête et fidèle. Je veux qu'elle soit toujours vraie et toujours prudente, et qu'elle n'ait ni faiblesse ni intérêt; je sais bien qu'il est malaisé de donner de justes limites à la manière de recevoir toute sorte de confiance de nos amis, et de leur faire part de la nôtre.

On se confie le plus souvent par vanité, par envie de parler, par le désir de s'attirer la confiance des autres, et pour faire un échange de secrets. Il y a des personnes qui peuvent avoir raison de se fier en nous, vers qui nous n'aurions pas raison d'avoir la même conduite, et on s'acquitte envers ceux-ci en leur gardant le secret, et en les payant de légères confidences. Il y en a d'autres dont la fidélité nous est connue, qui ne ménagent rien avec nous, et à qui on peut se confier par choix et par estime. On doit ne leur rien cacher de ce qui ne regarde que nous, se montrer à eux toujours vrais dans nos bonnes qualités et dans nos défauts même, sans exagérer les unes et sans diminuer les autres, se faire une loi de ne leur faire jamais de demi-confidences; elles embarrassent toujours ceux qui les font, et ne contentent presque jamais ceux qui les reçoivent : on leur donne des lumières confuses de ce qu'on veut cacher, on augmente leur curiosité, on les met en droit d'en vouloir savoir davantage, et ils se croient en liberté de disposer de ce qu'ils ont pénétré. Il est plus sûr et plus honnête de ne leur rien dire que de se taire quand on a commencé de parler.

Il y a d'autres règles à suivre pour les choses qui nous ont été confiées. Plus elles sont importantes, et plus la prudence et la fidélité y sont nécessaires. Tout le monde convient que le secret doit être inviolable, mais on ne convient pas toujours de la nature et de l'importance du secret; nous ne consultons le plus souvent que nous-mêmes sur ce que nous devons dire et sur ce que nous

devons taire; il y a peu de secrets de tous les temps, et
le scrupule de les révéler ne dure pas toujours.

On a des liaisons étroites avec des amis dont on connaît
la fidélité; ils nous ont toujours parlé sans réserve, et
nous avons toujours gardé les mêmes mesures avec eux ;
ils savent nos habitudes et nos commerces, et ils nous
voient de trop près pour ne s'apercevoir pas du moindre
changement; ils peuvent savoir par ailleurs ce que nous
sommes engagés de ne dire jamais à personne; il n'a pas
été en notre pouvoir de les faire entrer dans ce qu'on nous
a confié; ils ont peut-être même quelque intérêt de le
savoir; on est assuré d'eux comme de soi, et on se voit
réduit à la cruelle nécessité de perdre leur amitié, qui
nous est précieuse, ou de manquer à la foi du secret. Cet
état est sans doute la plus rude épreuve de la fidélité;
mais il ne doit pas ébranler un honnête homme; c'est
alors qu'il lui est permis de se préférer [84] aux autres; son
premier devoir est de conserver indispensablement ce
dépôt en son entier, sans en peser les suites; il doit non
seulement ménager ses paroles et ses tons, il doit encore
ménager ses conjectures, et ne laisser jamais rien voir,
dans ses discours ni dans son air, qui puisse tourner l'esprit des autres vers ce qu'il ne veut pas dire.

On a souvent besoin de force et de prudence pour
opposer à la tyrannie de la plupart de nos amis, qui se
font un droit sur notre confiance, et qui veulent tout
savoir de nous. On ne doit jamais leur laisser établir ce
droit sans exception : il y a des rencontres et des circonstances qui ne sont pas de leur juridiction; s'ils s'en
plaignent, on doit souffrir leurs plaintes, et s'en justifier
avec douceur; mais s'ils demeurent injustes, on doit sacrifier leur amitié à son devoir, et choisir entre deux maux
inévitables, dont l'un se peut réparer, et l'autre est sans
remède.

[VI. DE L'AMOUR ET DE LA MER [85]]

[Ceux qui ont voulu nous représenter l'amour et ses
caprices l'ont comparé en tant de sortes à la mer qu'il est
malaisé de rien ajouter à ce qu'ils en ont dit. Ils nous ont
fait voir que l'un et l'autre ont une inconstance et une
infidélité égales, que leurs biens et leurs maux sont sans

nombre, que les navigations les plus heureuses sont expo-
sées à mille dangers, que les tempêtes et les écueils sont
toujours à craindre, et que souvent même on fait naufrage dans le port. Mais en nous exprimant tant d'espérances et tant de craintes, ils ne nous ont pas assez montré, ce me semble, le rapport qu'il y a d'un amour usé,
languissant et sur sa fin, à ces longues bonaces, à ces
calmes ennuyeux, que l'on rencontre sous la ligne [86] : on
est fatigué d'un grand voyage, on souhaite de l'achever;
on voit la terre, mais on manque de vent pour y arriver;
on se voit exposé aux injures des saisons; les maladies et
les langueurs empêchent d'agir; l'eau et les vivres
manquent ou changent de goût; on a recours inutilement aux secours étrangers; on essaye de pêcher, et on
prend quelques poissons, sans en tirer de soulagement ni
de nourriture; on est las de tout ce qu'on voit, on est
toujours avec ses mêmes pensées, et on est toujours
ennuyé; on vit encore, et on a regret à vivre; on attend
des désirs pour sortir d'un état pénible et languissant,
mais on n'en forme que de faibles et d'inutiles.]

VII. DES EXEMPLES

Quelque différence qu'il y ait entre les bons et les
mauvais exemples, on trouvera que les uns et les autres
ont presque également produit de méchants effets. Je ne
sais même si les crimes de Tibère et de Néron ne nous
éloignent pas plus du vice que les exemples estimables
des plus grands hommes ne nous approchent de la vertu.
Combien la valeur d'Alexandre a-t-elle fait de fanfarons!
Combien la gloire de César a-t-elle autorisé d'entreprises
contre la patrie! Combien Rome et Sparte ont-elles loué
de vertus farouches! Combien Diogène a-t-il fait de philosophes importuns, Cicéron de babillards, Pomponius
Atticus [87] de gens neutres et paresseux, Marius et Sylla
de vindicatifs, Lucullus de voluptueux, Alcibiade et
Antoine de débauchés, Caton d'opiniâtres! Tout ces
grands originaux ont produit un nombre infini de mauvaises copies. Les vertus sont frontières [88] des vices; les
exemples sont des guides qui nous égarent souvent, et
nous sommes si remplis de fausseté que nous ne nous en
servons pas moins pour nous éloigner du chemin de la
vertu que pour le suivre.

VIII. DE L'INCERTITUDE DE LA JALOUSIE

Plus on parle de sa jalousie, et plus les endroits qui ont déplu paraissent de différents côtés; les moindres circonstances les changent, et font toujours découvrir quelque chose de nouveau. Ces nouveautés font revoir sous d'autres apparences ce qu'on croyait avoir assez vu et assez pesé; on cherche à s'attacher à une opinion, et on ne s'attache à rien; tout ce qui est de plus opposé et de plus effacé se présente en même temps; on veut haïr et on veut aimer, mais on aime encore quand on hait, et on hait encore quand on aime; on croit tout, et on doute de tout; on a de la honte et du dépit d'avoir cru et d'avoir douté; on se travaille incessamment pour arrêter son opinion, et on ne la conduit jamais à un lieu fixe.

Les poètes devraient comparer cette opinion à la peine de Sisyphe, puisqu'on roule aussi inutilement que lui un rocher, par un chemin pénible et périlleux : on voit le sommet de la montagne et on s'efforce d'y arriver, on l'espère quelquefois, mais on n'y arrive jamais. On n'est pas assez heureux pour oser croire ce qu'on souhaite, ni même assez heureux aussi pour être assuré de ce qu'on craint le plus. On est assujetti à une incertitude éternelle, qui nous présente successivement des biens et des maux qui nous échappent toujours.

IX. DE L'AMOUR ET DE LA VIE

L'amour est une image de notre vie : l'un et l'autre sont sujets aux mêmes révolutions et aux mêmes changements. Leur jeunesse est pleine de joie et d'espérance : on se trouve heureux d'être jeune, comme on se trouve heureux d'aimer. Cet état si agréable nous conduit à désirer d'autres biens, et on en veut de plus solides; on ne se contente pas de subsister, on veut faire des progrès, on est occupé des moyens de s'avancer et d'assurer sa fortune; on cherche la protection des ministres, on se rend utile à leurs intérêts; on ne peut souffrir que quelqu'un prétende ce que nous prétendons. Cette émulation est traversée de mille soins et de mille peines, qui s'effacent par le plaisir de se voir établi : toutes les passions sont alors satisfaites, et on ne prévoit pas qu'on puisse cesser d'être heureux.

Cette félicité néanmoins est rarement de longue durée, et elle ne peut conserver longtemps la grâce de la nouveauté. Pour avoir ce que nous avons souhaité, nous ne laissons pas de souhaiter encore. Nous nous accoutumons à tout ce qui est à nous; les mêmes biens ne conservent pas leur même prix, et ils ne touchent pas toujours également notre goût; nous changeons imperceptiblement, sans remarquer notre changement; ce que nous avons obtenu devient une partie de nous-mêmes : nous serions cruellement touchés de le perdre, mais nous ne sommes plus sensibles au plaisir de le conserver; la joie n'est plus vive, on en cherche ailleurs que dans ce qu'on a tant désiré. Cette inconstance involontaire est un effet du temps, qui prend malgré nous sur l'amour comme sur notre vie; il en efface insensiblement chaque jour un certain air de jeunesse et de gaieté, et en détruit les plus véritables charmes; on prend des manières plus sérieuses, on joint des affaires à la passion; l'amour ne subsiste plus par lui-même, et il emprunte des secours étrangers. Cet état de l'amour représente le penchant de l'âge, où on commence à voir par où on doit finir; mais on n'a pas la force de finir volontairement, et dans le déclin de l'amour comme dans le déclin de la vie personne ne se peut résoudre de prévenir les dégoûts qui restent à éprouver; on vit encore pour les maux, mais on ne vit plus pour les plaisirs. La jalousie, la méfiance, la crainte de lasser, la crainte d'être quitté, sont des peines attachées à la vieillesse de l'amour, comme les maladies sont attachées à la trop longue durée de la vie : on ne sent plus qu'on est vivant que parce qu'on sent qu'on est malade, et on ne sent aussi qu'on est amoureux que par sentir toutes les peines de l'amour. On ne sort de l'assoupissement des trop longs attachements que par le dépit et le chagrin de se voir toujours attaché; enfin, de toutes les décrépitudes, celle de l'amour est la plus insupportable.

X. DES GOÛTS

Il y a des personnes qui ont plus d'esprit que de goût, et d'autres qui ont plus de goût que d'esprit; il y a plus de variété et de caprice dans le goût que dans l'esprit.

Ce terme de *goût* a diverses significations, et il est aisé de s'y méprendre. Il y a différence entre le goût qui nous porte vers les choses, et le goût qui nous en fait connaître et discerner les qualités, en s'attachant aux règles : on peut aimer la comédie [89] sans avoir le goût assez fin et assez délicat pour en bien juger, et on peut avoir le goût assez bon pour bien juger de la comédie sans l'aimer. Il y a des goûts qui nous approchent imperceptiblement de ce qui se montre à nous; d'autres nous entraînent par leur force ou par leur durée.

Il y a des gens qui ont le goût faux en tout; d'autres ne l'ont faux qu'en de certaines choses, et ils l'ont droit et juste dans ce qui est de leur portée. D'autres ont des goûts particuliers, qu'ils connaissent mauvais, et ne laissent pas de les suivre. Il y en a qui ont le goût incertain; le hasard en décide; ils changent par légèreté, et sont touchés de plaisir ou d'ennui sur la parole de leurs amis. D'autres sont toujours prévenus; ils sont esclaves de tous leurs goûts, et les respectent en toutes choses. Il y en a qui sont sensibles à ce qui est bon, et choqués de ce qui ne l'est pas; leurs vues sont nettes et justes, et ils trouvent la raison de leur goût dans leur esprit et dans leur discernement.

Il y en a qui, par une sorte d'instinct dont ils ignorent la cause, décident de ce qui se présente à eux, et prennent toujours le bon parti. Ceux-ci font paraître plus de goût que d'esprit, parce que leur amour-propre et leur humeur ne prévalent point sur leurs lumières naturelles; tout agit de concert en eux, tout y est sur un même ton. Cet accord les fait juger sainement des objets, et leur en forme une idée véritable; mais, à parler généralement, il y a peu de gens qui aient le goût fixe et indépendant de celui des autres; ils suivent l'exemple et la coutume, et ils en empruntent presque tout ce qu'ils ont de goût.

Dans toutes ces différences de goûts que l'on vient de marquer, il est très rare, et presque impossible, de rencontrer cette sorte de bon goût qui sait donner le prix à chaque chose, qui en connaît toute la valeur, et qui se porte généralement sur tout : nos connaissances sont trop bornées, et cette juste disposition des qualités qui font bien juger ne se maintient d'ordinaire que sur ce qui ne nous regarde pas directement. Quand il s'agit de nous, notre goût n'a plus cette justesse si nécessaire, la préoccupation la trouble, tout ce qui a du rapport à nous nous paraît sous une autre figure. Personne ne voit des mêmes yeux ce qui le touche et ce qui ne le touche pas; notre goût est conduit alors par la pente de l'amour-propre et de l'humeur, qui nous fournissent des vues nouvelles, et nous assujettissent à un nombre infini de changements et d'incertitudes; notre goût n'est plus à nous, nous n'en disposons plus, il change sans notre consentement, et les mêmes objets nous paraissent par tant de côtés différents que nous méconnaissons enfin ce que nous avons vu et ce que nous avons senti.

XI. DU RAPPORT DES HOMMES AVEC LES ANIMAUX [90]

Il y a autant de diverses espèces d'hommes qu'il y a de diverses espèces d'animaux, et les hommes sont, à l'égard des autres hommes, ce que les différentes espèces d'animaux sont entre elles et à l'égard les unes des autres. Combien y a-t-il d'hommes qui vivent du sang et de la vie des innocents, les uns comme des tigres, toujours farouches et toujours cruels, d'autres comme des lions, en gardant quelque apparence de générosité, d'autres comme des ours, grossiers et avides, d'autres comme des loups, ravissants [91] et impitoyables, d'autres comme des renards, qui vivent d'industrie, et dont le métier est de tromper!

Combien y a-t-il d'hommes qui ont du rapport aux chiens! Ils détruisent leur espèce; ils chassent pour le plaisir de celui qui les nourrit; les uns suivent toujours leur maître, les autres gardent sa maison. Il y a des lévriers d'attache [92], qui vivent de leur valeur, qui se destinent à la guerre, et qui ont de la noblesse dans leur courage, il y a des dogues acharnés, qui n'ont de qualités que la fureur; il y a des chiens, plus ou moins inutiles, qui aboient souvent, et qui mordent quelquefois, et il y a même des chiens de jardinier. Il y a des singes et des guenons qui plaisent par leurs manières, qui ont de l'esprit, et qui font toujours du mal. Il y a des paons qui n'ont que de la beauté, qui déplaisent par leur chant, et qui détruisent les lieux qu'ils habitent.

Il y a des oiseaux qui ne sont recommandables que par leur ramage ou par leurs couleurs. Combien de perro-

quets, qui parlent sans cesse, et qui n'entendent jamais
ce qu'ils disent; combien de pies et de corneilles, qui ne
s'apprivoisent que pour dérober; combien d'oiseaux de
proie, qui ne vivent que de rapine; combien d'espèces
d'animaux paisibles et tranquilles, qui ne servent qu'à
nourrir d'autres animaux!

Il y a des chats, toujours au guet, malicieux et infidèles,
et qui font patte de velours; il y a des vipères dont la
langue est venimeuse, et dont le reste est utile [93]; il y a
des araignées, des mouches, des punaises et des puces,
qui sont toujours incommodes et insupportables; il y a
des crapauds, qui font horreur, et qui n'ont que du venin;
il y a des hiboux, qui craignent la lumière. Combien d'animaux qui vivent sous terre pour se conserver! Combien
de chevaux, qu'on emploie à tant d'usages, et qu'on aban-
donne quand ils ne servent plus; combien de bœufs, qui
travaillent toute leur vie pour enrichir celui qui leur
impose le joug; de cigales, qui passent leur vie à chanter;
de lièvres, qui ont peur de tout; de lapins, qui s'épou-
vantent et rassurent en un moment; de pourceaux, qui
vivent dans la crapule [94] et dans l'ordure; de canards privés [95], qui trahissent leurs semblables, et les attirent dans
les filets, de corbeaux et de vautours, qui ne vivent que
de pourriture et de corps morts! Combien d'oiseaux pas-
sagers, qui vont si souvent d'un bout du monde à l'autre,
et qui s'exposent à tant de périls, pour chercher à vivre!
Combien d'hirondelles, qui suivent toujours le beau
temps; de hannetons, inconsidérés et sans dessein; de
papillons, qui cherchent le feu qui les brûle! Combien
d'abeilles, qui respectent leur chef, et qui se maintiennent
avec tant de règle et d'industrie! Combien de frelons,
vagabonds et fainéants, qui cherchent à s'établir aux
dépens des abeilles! Combien de fourmis, dont la prévoyance et l'économie soulagent tous leurs besoins!
Combien de crocodiles, qui feignent de se plaindre pour
dévorer ceux qui sont touchés de leur plainte! Et combien
d'animaux qui sont assujettis parce qu'ils ignorent leur
force!

Toutes ces qualités se trouvent dans l'homme, et il
exerce, à l'égard des autres hommes, tout ce que les animaux dont on vient de parler exercent entre eux.

[XII. DE L'ORIGINE DES MALADIES [96]]

[Si on examine la nature des maladies, on trouvera qu'elles tirent leur origine des passions et des peines de l'esprit. L'âge d'or, qui en était exempt, était exempt de maladies. L'âge d'argent, qui le suivit, conserva encore sa pureté. L'âge d'airain donna la naissance aux passions et aux peines de l'esprit; elles commencèrent à se former, et elles avaient encore la faiblesse de l'enfance et sa légèreté. Mais elles parurent avec toute leur force et toute leur malignité dans l'âge de fer, et répandirent dans le monde, par la suite de leur corruption, les diverses maladies qui ont affligé les hommes depuis tant de siècles. L'ambition a produit les fièvres aiguës et frénétiques; l'envie a produit la jaunisse et l'insomnie; c'est de la paresse que viennent les léthargies, les paralysies et les langueurs; la colère a fait les étouffements, les ébullitions de sang, et les inflammations de poitrine; la peur a fait les battements de cœur et les syncopes; la vanité a fait les folies; l'avarice, la teigne et la gale; la tristesse a fait le scorbut; la cruauté, la pierre; la calomnie et les faux rapports ont répandu la rougeole, la petite vérole, et le pourpre [97], et on doit à la jalousie la gangrène, la peste, et la rage. Les disgrâces imprévues ont fait l'apoplexie; les procès ont fait la migraine et le transport au cerveau; les dettes ont fait les fièvres étiques [98]; l'ennui du mariage a produit la fièvre quarte, et la lassitude des amants qui n'osent se quitter a causé les vapeurs. L'amour, lui seul, a fait plus de maux que tout le reste ensemble, et personne ne doit entreprendre de les exprimer; mais comme il fait aussi les plus grands biens de la vie, au lieu de médire de lui, on doit se taire; on doit le craindre et le respecter toujours.]

XIII. DU FAUX

On est faux en différentes manières. Il y a des hommes faux qui veulent toujours paraître ce qu'ils ne sont pas. Il y en a d'autres, de meilleure foi, qui sont nés faux, qui se trompent eux-mêmes, et qui ne voient jamais les choses comme elles sont. Il y en a dont l'esprit est droit, et le goût faux. D'autres ont l'esprit faux, et ont quelque droiture dans le goût. Et il y en a qui n'ont rien de faux dans le goût, ni dans l'esprit. Ceux-ci sont très rares, puisque, à parler généralement, il n'y a presque personne qui n'ait de la fausseté dans quelque endroit de l'esprit ou du goût.

Ce qui fait cette fausseté si universelle, c'est que nos qualités sont incertaines et confuses, et que nos vues le sont aussi : on ne voit point les choses précisément comme elles sont, on les estime plus ou moins qu'elles ne valent, et on ne les fait point rapporter à nous en la manière qui leur convient, et qui convient à notre état et à nos qualités. Ce mécompte met un nombre infini de faussetés dans le goût et dans l'esprit : notre amour-propre est flatté de tout ce qui se présente à nous sous les apparences du bien; mais comme il y a plusieurs sortes de biens qui touchent notre vanité ou notre tempérament, on les suit souvent par coutume, ou par commodité; on les suit parce que les autres les suivent, sans considérer qu'un même sentiment ne doit pas être également embrassé par toute sorte de personnes, et qu'on s'y doit attacher plus ou moins fortement selon qu'il convient plus ou moins à ceux qui le suivent.

On craint encore plus de se montrer faux par le goût que par l'esprit. Les honnêtes gens doivent approuver sans prévention ce qui mérite d'être approuvé, suivre ce qui mérite d'être suivi, et ne se piquer de rien. Mais il y faut une grande proportion et une grande justesse; il faut savoir discerner ce qui est bon en général, et ce qui nous est propre, et suivre alors avec raison la pente naturelle qui nous porte vers les choses qui nous plaisent. Si les hommes ne voulaient exceller que par leurs propres talents et en suivant leurs devoirs, il n'y aurait rien de faux dans leur goût et dans leur conduite; ils se montreraient tels qu'ils sont; ils jugeraient des choses par leurs lumières, et s'y attacheraient par raison; il y aurait de la proportion dans leurs vues et dans leurs sentiments; leur goût serait vrai, il viendrait d'eux et non pas des autres, et ils le suivraient par choix, et non pas par coutume ou par hasard.

Si on est faux en approuvant ce qui ne doit pas être approuvé, on ne l'est pas moins, le plus souvent, par l'envie de se faire valoir par des qualités qui sont bonnes de soi, mais qui ne nous conviennent pas : un magistrat est faux quand il se pique d'être brave, bien qu'il puisse être hardi dans de certaines rencontres; il doit paraître ferme et assuré dans une sédition qu'il a droit d'apaiser, sans craindre d'être faux, et il serait faux et ridicule de se battre en duel. Une femme peut aimer les sciences, mais toutes les sciences ne lui conviennent pas toujours, et l'entêtement de certaines sciences ne lui convient jamais, et est toujours faux.

Il faut que la raison et le bon sens mettent le prix aux choses, et qu'elles déterminent notre goût à leur donner le rang qu'elles méritent et qu'il nous convient de leur donner; mais presque tous les hommes se trompent dans ce prix et dans ce rang, et il y a toujours de la fausseté dans ce mécompte.

Les plus grands rois sont ceux qui s'y méprennent le plus souvent : ils veulent surpasser les autres hommes en valeur, en savoir, en galanterie, et dans mille autres qualités où tout le monde a droit de prétendre; mais ce goût d'y surpasser les autres peut être faux en eux, quand il va trop loin. Leur émulation doit avoir un autre objet : ils doivent imiter Alexandre, qui ne voulut disputer du prix de la course que contre des rois [99], et se souvenir que ce n'est que des qualités particulières à la royauté qu'ils doivent disputer. Quelque vaillant que puisse être un roi, quelque savant et agréable qu'il puisse être, il trouvera un nombre infini de gens qui auront ces mêmes qualités aussi avantageusement que lui, et le désir de les surpasser paraîtra toujours faux, et souvent même il lui sera impossible d'y réussir; mais s'il s'attache à ses devoirs véritables, s'il est magnanime, s'il est grand capitaine et grand politique, s'il est juste, clément et libéral, s'il soulage ses sujets, s'il aime la gloire et le repos de son État, il ne trouvera que des rois à vaincre dans une si noble carrière; il n'y aura rien que de vrai et de grand dans un si juste dessein, le désir d'y surpasser les autres n'aura rien de faux. Cette émulation est digne d'un roi, et c'est la véritable gloire où il doit prétendre.

XIV. DES MODÈLES DE LA NATURE ET DE LA FORTUNE

Il semble que la fortune, toute changeante et capricieuse qu'elle est, renonce à ses changements et à ses

caprices pour agir de concert avec la nature, et que l'une
et l'autre concourent de temps en temps à faire des
hommes extraordinaires et singuliers, pour servir de
modèles à la postérité. Le soin de la nature est de fournir les qualités; celui de la fortune est de les mettre en
œuvre, et de les faire voir dans le jour et avec les propor-
tions qui conviennent à leur dessein; on dirait alors
qu'elles imitent les règles des grands peintres, pour nous
donner des tableaux parfaits de ce qu'elles veulent représenter. Elles choisissent un sujet, et s'attachent au plan
qu'elles se sont proposé; elles disposent de la naissance,
de l'éducation, des qualités naturelles et acquises, des
temps, des conjonctures, des amis, des ennemis; elles
font remarquer des vertus et des vices, des actions heureuses et malheureuses; elles joignent même de petites
circonstances aux plus grandes, et les savent placer avec
tant d'art que les actions des hommes et leurs motifs
nous paraissent toujours sous la figure et avec les couleurs qu'il plaît à la nature et à la fortune d'y donner.

  Quel concours de qualités éclatantes n'ont-elles pas
assemblé dans la personne d'Alexandre, pour le montrer
au monde comme un modèle d'élévation d'âme et de
grandeur de courage! Si on examine sa naissance illustre,
son éducation, sa jeunesse, sa beauté, sa complexion heureuse, l'étendue et la capacité de son esprit pour la guerre
et pour les sciences, ses vertus, ses défauts même,
le petit nombre de ses troupes, la puissance formidable
de ses ennemis, la courte durée d'une si belle vie, sa mort
et ses successeurs, ne verra-t-on pas l'industrie et l'application de la fortune et de la nature à renfermer dans un
même sujet ce nombre infini de diverses circonstances ?
Ne verra-t-on pas le soin particulier qu'elles ont pris
d'arranger tant d'événements extraordinaires, et de les
mettre chacun dans son jour, pour composer un modèle
d'un jeune conquérant, plus grand encore par ses qualités personnelles que par l'étendue de ses conquêtes ?

  Si on considère de quelle sorte la nature et la fortune
nous montrent César, ne verra-t-on pas qu'elles ont suivi
un autre plan, qu'elles n'ont renfermé dans sa personne
tant de valeur, de clémence, de libéralité, tant de qualités
militaires, tant de pénétration, tant de facilité d'esprit et
de mœurs, tant d'éloquence, tant de grâces du corps,
tant de supériorité de génie pour la paix et pour la guerre,
ne verra-t-on pas, dis-je, qu'elles ne se sont assujetties si
longtemps à arranger et à mettre en œuvre tant de talents

extraordinaires, et qu'elles n'ont contraint César de s'en servir contre sa patrie, que pour nous laisser un modèle du plus grand homme du monde, et du plus célèbre usurpateur ? Elle le fait naître particulier dans une république maîtresse de l'univers, affermie et soutenue par les plus grands hommes qu'elle eût jamais produits; la fortune choisit parmi eux ce qu'il y avait de plus illustre, de plus puissant et de plus redoutable pour les rendre ses ennemis; elle le réconcilie pour un temps avec les plus considérables pour les faire servir à son élévation; elle les éblouit et les aveugle ensuite, pour lui faire une guerre qui le conduit à la souveraine puissance. Combien d'obstacles ne lui a-t-elle pas fait surmonter! De combien de périls sur terre et sur mer ne l'a-t-elle pas garanti, sans jamais avoir été blessé! Avec quelle persévérance la fortune n'a-t-elle pas soutenu les desseins de César et détruit ceux de Pompée! Par quelle industrie n'a-t-elle pas disposé ce peuple romain, si puissant, si fier et si jaloux de sa liberté à la soumettre à la puissance d'un seul homme! Ne s'est-elle pas même servie des circonstances de la mort de César pour la rendre convenable à sa vie ? Tant d'avertissements des devins, tant de prodiges, tant d'avis de sa femme et de ses amis ne peuvent le garantir, et la fortune choisit le propre jour qu'il doit être couronné dans le Sénat pour le faire assassiner par ceux mêmes qu'il a sauvés, et par un homme qui lui doit la naissance [100].

Cet accord de la nature et de la fortune n'a jamais été plus marqué que dans la personne de Caton [101], et il semble qu'elles se soient efforcées l'une et l'autre de renfermer dans un seul homme non seulement les vertus de l'ancienne Rome, mais encore de l'opposer directement aux vertus de César, pour montrer qu'avec une pareille étendue d'esprit et de courage, le désir de gloire conduit l'un à être usurpateur et l'autre à servir de modèle d'un parfait citoyen ? Mon dessein n'est pas de faire ici le parallèle de ces deux grands hommes, après tout ce qui en est écrit; je dirai seulement que, quelque grands et illustres qu'ils nous paraissent, la nature et la fortune n'auraient pu mettre toutes leurs qualités dans le jour qui convenait pour les faire éclater, si elles n'eussent opposé Caton à César. Il fallait les faire naître en même temps dans une même république, différents par leurs mœurs et par leurs talents, ennemis par les intérêts de la patrie et par des intérêts domestiques, l'un vaste dans ses desseins et sans bornes dans son ambition, l'autre austère, renfermé dans les lois de Rome et idolâtre de la liberté, tous deux célèbres par des vertus qui les montraient par de si différents côtés, et plus célèbres encore, si on l'ose dire, par l'opposition que la fortune et la nature ont pris soin de mettre entre eux. Quel arrangement, quelle suite, quelle économie de circonstances dans la vie de Caton, et dans sa mort! La destinée même de la république a servi au tableau que la fortune nous a voulu donner de ce grand homme, et elle finit sa vie avec la liberté de son pays.

Si nous laissons les exemples des siècles passés pour venir aux exemples du siècle présent, on trouvera que la nature et la fortune ont conservé cette même union dont j'ai parlé, pour nous montrer de différents modèles en deux hommes consommés en l'art de commander. Nous verrons Monsieur le Prince [102] et M. de Turenne disputer de la gloire des armes, et mériter par un nombre infini d'actions éclatantes la réputation qu'ils ont acquise. Ils paraîtront avec une valeur et une expérience égales; infatigables de corps et d'esprit, on les verra agir ensemble, agir séparément, et quelquefois opposés l'un à l'autre; nous les verrons, heureux et malheureux dans diverses occasions de la guerre, devoir les bons succès à leur conduite et à leur courage, et se montrer même toujours plus grands par leurs disgrâces; tous deux sauver l'État; tous deux contribuer à le détruire, et se servir des mêmes talents par des voies différentes, M. de Turenne suivant ses desseins avec plus de règle et moins de vivacité, d'une valeur plus retenue et toujours proportionnée au besoin de la faire paraître, Monsieur le Prince inimitable en la manière de voir et d'exécuter les plus grandes choses, entraîné par la supériorité de son génie qui semble lui soumettre les événements et les faire servir à sa gloire. La faiblesse des armées qu'ils ont commandées dans les dernières campagnes, et la puissance des ennemis qui leur étaient opposés, ont donné de nouveaux sujets à l'un et à l'autre de montrer toute leur vertu et de réparer par leur mérite tout ce qui leur manquait pour soutenir la guerre. La mort même de M. de Turenne, si convenable à une si belle vie, accompagnée de tant de circonstances singulières et arrivée dans un moment si important, ne nous paraît-elle pas comme un effet de la crainte et de l'incertitude de la fortune, qui n'a osé décider de la destinée de la France et de l'Empire ? Cette même fortune, qui retire Monsieur le Prince du commandement des armées sous le prétexte de sa santé et dans un temps où il devait achever de si grandes choses, ne se joint-elle pas à la nature pour nous montrer présentement ce grand homme dans une vie privée, exerçant des vertus paisibles soutenu de sa propre gloire ? Et brille-t-il moins dans sa retraite qu'au milieu de ses victoires ?

XV. DES COQUETTES ET DES VIEILLARDS

S'il est malaisé de rendre raison des goûts en général, il le doit être encore davantage de rendre raison du goût des femmes coquettes. On peut dire néanmoins que l'envie de plaire se répand généralement sur tout ce qui peut flatter leur vanité, et qu'elles ne trouvent rien d'indigne de leurs conquêtes. Mais le plus incompréhensible de tous leurs goûts est, à mon sens, celui qu'elles ont pour les vieillards qui ont été galants. Ce goût paraît trop bizarre, et il y en a trop d'exemples, pour ne chercher pas la cause d'un sentiment tout à la fois si commun et si contraire à l'opinion que l'on a des femmes. Je laisse aux philosophes à décider si c'est un soin charitable de la nature, qui veut consoler les vieillards dans leur misère, et qui leur fournit le secours des coquettes par la même prévoyance qui lui fait donner des ailes aux chenilles, dans le déclin de leur vie, pour les rendre papillons; mais, sans pénétrer dans les secrets de la physique, on peut, ce me semble, chercher des causes plus sensibles de ce goût dépravé des coquettes pour les vieilles gens. Ce qui est plus apparent, c'est qu'elles aiment les prodiges, et qu'il n'y en a point qui doive plus toucher leur vanité que de ressusciter un mort. Elles ont le plaisir de l'attacher à leur char, et d'en parer leur triomphe, sans que leur réputation en soit blessée; au contraire, un vieillard est un ornement à la suite d'une coquette, et il est aussi nécessaire dans son train que les nains l'étaient autrefois dans *Amadis*. Elles n'ont point d'esclaves si commodes et si utiles. Elles paraissent bonnes et solides en conservant un ami sans conséquence. Il publie leurs louanges, il gagne croyance vers les maris et leur répond de la conduite de leurs femmes. S'il a du crédit, elles en retirent mille secours; il entre dans tous les intérêts et dans tous les besoins de la maison. S'il sait les bruits qui

courent des véritables galanteries, il n'a garde de les
croire ; il les étouffe, et assure que le monde est médisant ;
il juge par sa propre expérience des difficultés qu'il y a
de toucher le cœur d'une si bonne femme ; plus on lui fait
acheter des grâces et des faveurs et plus il est discret et
fidèle ; son propre intérêt l'engage assez au silence ; il
craint toujours d'être quitté, et il se trouve trop heureux
d'être souffert. Il se persuade aisément qu'il est aimé,
puisqu'on le choisit contre tant d'apparences ; il croit que
c'est un privilège de son vieux mérite, et remercie l'amour
de se souvenir de lui dans tous les temps.

Elle, de son côté, ne voudrait pas manquer à ce qu'elle
lui a promis ; elle lui fait remarquer qu'il a toujours touché son inclination, et qu'elle n'aurait jamais aimé si elle
ne l'avait connu ; elle le prie surtout de n'être pas jaloux
et de se fier en elle ; elle lui avoue qu'elle aime un peu le
monde et le commerce des honnêtes gens, qu'elle a même
intérêt d'en ménager plusieurs à la fois, pour ne laisser
pas voir qu'elle le traite différemment des autres ; que si
elle fait quelques railleries de lui avec ceux dont on s'est
avisé de parler, c'est seulement pour avoir le plaisir de le
nommer souvent, ou pour mieux cacher ses sentiments ;
qu'après tout il est le maître de sa conduite, et que,
pourvu qu'il en soit content et qu'il l'aime toujours, elle
se met aisément repos du reste. Quel vieillard ne se ras-
sure pas par des raisons si convaincantes, qui l'ont souvent trompé quand il était jeune et aimable ? Mais, pour
son malheur, il oublie trop aisément qu'il n'est plus ni
l'un ni l'autre, et cette faiblesse est, de toutes, la plus
ordinaire aux vieilles gens qui ont été aimés. Je ne sais
même si cette tromperie ne leur vaut pas mieux encore
que de connaître la vérité : on les souffre du moins, on
les amuse, ils sont détournés de la vue de leurs propres
misères, et le ridicule où ils tombent est souvent un
moindre mal pour eux que les ennuis et l'anéantissement
d'une vie pénible et languissante.

XVI. DE LA DIFFÉRENCE DES ESPRITS

Bien que toutes les qualités de l'esprit se puissent rencontrer dans un grand esprit, il y en a néanmoins qui lui
sont propres et particulières : ses lumières n'ont point de

bornes, il agit toujours également et avec la même activité, il discerne les objets éloignés comme s'ils étaient
présents, il comprend, il imagine les plus grandes choses,
il voit et connaît les plus petites; ses pensées sont rele-
vées, étendues, justes et intelligibles; rien n'échappe à sa
pénétration, et elle lui fait toujours découvrir la vérité au
travers des obscurités qui la cachent aux autres. Mais
toutes ces grandes qualités ne peuvent souvent empêcher
que l'esprit ne paraisse petit et faible, quand l'humeur
s'en est rendue la maîtresse.

Un bel esprit pense toujours noblement; il produit
avec facilité des choses claires, agréables et naturelles; il
les fait voir dans leur plus beau jour, et il les pare de tous
les ornements qui leur conviennent; il entre dans le goût
des autres, et retranche de ses pensées ce qui est inutile
ou ce qui peut déplaire. Un esprit adroit, facile, insinuant,
sait éviter et surmonter les difficultés; il se plie aisément
à ce qu'il veut; il sait connaître et suivre l'esprit et l'humeur de ceux avec qui il traite; et en ménageant leurs
intérêts il avance et établit les siens. Un bon esprit voit
toutes choses comme elles doivent être vues; il leur donne
le prix qu'elles méritent, il les sait tourner du côté qui
lui est le plus avantageux, et il s'attache avec fermeté à
ses pensées parce qu'il en connaît toute la force et toute
la raison.

Il y a de la différence entre un esprit utile et un esprit
d'affaires: on peut entendre les affaires sans s'appliquer
à son intérêt particulier; il y a des gens habiles dans tout
ce qui ne les regarde pas et très malhabiles dans ce qui
les regarde, et il y en a d'autres, au contraire, qui ont une
habileté bornée à ce qui les touche et qui savent trouver
leur avantage en toutes choses.

On peut avoir tout ensemble un air sérieux dans l'esprit et dire souvent des choses agréables et enjouées;
cette sorte d'esprit convient à toutes personnes, et à tous
les âges de la vie. Les jeunes gens ont d'ordinaire l'esprit
enjoué et moqueur, sans l'avoir sérieux, et c'est ce qui les
rend souvent incommodes. Rien n'est plus malaisé à soutenir que le dessein d'être toujours plaisant, et les applau-
dissements qu'on reçoit quelquefois en divertissant les
autres ne valent pas que l'on s'expose à la honte de les
ennuyer souvent, quand ils sont de méchante humeur.
La moquerie est une des plus agréables et des plus dan-
gereuses qualités de l'esprit: elle plaît toujours, quand
elle est délicate; mais on craint toujours aussi ceux qui

s'en servent trop souvent. La moquerie peut néanmoins être permise, quand elle n'est mêlée d'aucune malignité et quand on y fait entrer les personnes mêmes dont on parle.

Il est malaisé d'avoir un esprit de raillerie sans affecter d'être plaisant, ou sans aimer à se moquer; il faut une grande justesse pour railler longtemps sans tomber dans l'une ou l'autre de ces extrémités. La raillerie est un air de gaieté qui remplit l'imagination, et qui lui fait voir en ridicule les objets qui se présentent; l'humeur y mêle plus ou moins de douceur ou d'âpreté; il y a une manière de railler délicate et flatteuse qui touche seulement les défauts que les personnes dont on parle veulent bien avouer, qui sait déguiser les louanges qu'on leur donne sous des apparences de blâme, et qui découvre ce qu'elles ont d'aimable en feignant de le vouloir cacher.

Un esprit fin et un esprit de finesse [103] sont très différents. Le premier plaît toujours; il est délié, il pense des choses délicates et voit les plus imperceptibles. Un esprit de finesse ne va jamais droit, il cherche des biais et des détours pour faire réussir ses desseins; cette conduite est bientôt découverte, elle se fait toujours craindre et ne mène presque jamais aux grandes choses.

Il y a quelque différence entre un esprit de feu et un esprit brillant. Un esprit de feu va plus loin et avec plus de rapidité; un esprit brillant a de la vivacité, de l'agrément et de la justesse.

La douceur de l'esprit, c'est un air facile et accommodant, qui plaît toujours quand il n'est point fade.

Un esprit de détail s'applique avec de l'ordre et de la règle à toutes les particularités des sujets qu'on lui présente. Cette application le renferme d'ordinaire à de petites choses; elle n'est pas néanmoins toujours incompatible avec de grandes vues, et quand ces deux qualités se trouvent ensemble dans un même esprit, elles l'élèvent infiniment au-dessus des autres.

On a abusé du terme de bel esprit, et bien que tout ce qu'on vient de dire des différentes qualités de l'esprit puisse convenir à un bel esprit, néanmoins, comme ce titre a été donné à un nombre infini de mauvais poètes et d'auteurs ennuyeux, on s'en sert plus souvent pour tourner les gens en ridicule que pour les louer.

Bien qu'il y ait plusieurs épithètes pour l'esprit qui paraissent une même chose, le ton et la manière de les prononcer y mettent de la différence; mais comme les tons et les manières ne se peuvent écrire, je n'entrerai point dans un détail qu'il serait impossible de bien expliquer. L'usage ordinaire le fait assez entendre, et en disant qu'un homme a de l'esprit, qu'il a bien de l'esprit, qu'il a beaucoup d'esprit, et qu'il a bon esprit, il n'y a que les tons et les manières qui puissent mettre de la différence entre ces expressions qui paraissent semblables sur le papier, et qui expriment néanmoins de très différentes sortes d'esprit.

On dit encore qu'un homme n'a que d'une sorte d'esprit, qu'il a de plusieurs sortes d'esprit, et qu'il a de toutes sortes d'esprit. On peut être sot avec beaucoup d'esprit, et on peut n'être pas sot avec peu d'esprit.

Avoir beaucoup d'esprit est un terme équivoque : il peut comprendre toutes les sortes d'esprit dont on vient de parler, mais il peut aussi n'en marquer aucune distinctement. On peut quelquefois faire paraître de l'esprit dans ce qu'on dit sans en avoir dans sa conduite, on peut avoir de l'esprit et l'avoir borné; un esprit peut être propre à de certaines choses et ne l'être pas à d'autres; on peut avoir beaucoup d'esprit et n'être propre à rien, et avec beaucoup d'esprit on est souvent fort incommode. Il semble néanmoins que le plus grand mérite de cette sorte d'esprit est de plaire quelquefois dans la conversation.

Bien que les productions d'esprit soient infinies, on peut, ce me semble, les distinguer de cette sorte : il y a des choses si belles que tout le monde est capable d'en voir et d'en sentir la beauté, il y en a qui ont de la beauté et qui ennuient, il y en a qui sont belles, que tout le monde sent et admire bien que tous n'en sachent pas la raison, il y en a qui sont si fines et si délicates que peu de gens sont capables d'en remarquer toutes les beautés, il y en a d'autres qui ne sont pas parfaites, mais qui sont dites avec tant d'art et qui sont soutenues et conduites avec tant de raison et tant de grâce qu'elles méritent d'être admirées.

XVII. DE L'INCONSTANCE

Je ne prétends pas justifier ici l'inconstance en général, et moins encore celle qui vient de la seule légèreté; mais il n'est pas juste aussi de lui imputer tous les autres changements de l'amour. Il y a une première fleur d'agrément et de vivacité dans l'amour qui passe insensiblement, comme celle des fruits ; ce n'est la faute de personne, c'est seulement la faute du temps. Dans les commencements, la figure est aimable, les sentiments ont du rapport, on cherche de la douceur et du plaisir, on veut plaire parce qu'on nous plaît, et on cherche à faire voir qu'on sait donner un prix infini à ce qu'on aime; mais dans la suite on ne sent plus ce qu'on croyait sentir toujours, le feu n'y est plus, le mérite de la nouveauté s'efface, la beauté, qui a tant de part à l'amour, ou diminue ou ne fait plus la même impression; le nom d'amour se conserve, mais on ne se retrouve plus les mêmes personnes, ni les mêmes sentiments; on suit encore ses engagements par honneur, par accoutumance et pour n'être pas assez assuré de son propre changement.

Quelles personnes auraient commencé de s'aimer, si elles s'étaient vues d'abord comme on se voit dans la suite des années ? Mais quelles personnes aussi se pourraient séparer, si elles se revoyaient comme on s'est vu la première fois ? L'orgueil, qui est presque toujours le maître de nos goûts, et qui ne se rassasie jamais, serait flatté sans cesse par quelque nouveau plaisir; la constance perdrait son mérite : elle n'aurait plus de part à une si agréable liaison, les faveurs présentes auraient la même grâce que les premières faveurs et le souvenir n'y mettrait point de différence; l'inconstance serait même inconnue, et on s'aimerait toujours avec le même plaisir parce qu'on aurait toujours les mêmes sujets de s'aimer. Les changements qui arrivent dans l'amitié ont à peu près des causes pareilles à ceux qui arrivent dans l'amour : leurs règles ont beaucoup de rapport. Si l'un a plus d'enjouement et de plaisir, l'autre doit être plus égale et plus sévère, elle ne pardonne rien; mais le temps, qui change l'humeur et les intérêts, les détruit presque également tous deux. Les hommes sont trop faibles et trop changeants pour soutenir longtemps le poids de l'amitié. L'Antiquité en a fourni des exemples; mais dans le temps où nous vivons, on peut dire qu'il est encore moins impossible de trouver un véritable amour qu'une véritable amitié.

XVIII. DE LA RETRAITE

Je m'engagerais à un trop long discours si je rapportais ici en particulier toutes les raisons naturelles qui portent les vieilles gens à se retirer du commerce du monde : le changement de leur humeur, de leur figure et l'affaiblissement des organes les conduisent insensiblement, comme la plupart des autres animaux, à s'éloigner de la fréquentation de leurs semblables. L'orgueil, qui est inséparable de l'amour-propre, leur tient alors lieu de raison : il ne peut plus être flatté de plusieurs choses qui flattent les autres, l'expérience leur a fait connaître le prix de ce que tous les hommes désirent dans la jeunesse et l'impossibilité d'en jouir plus longtemps; les diverses voies qui paraissent ouvertes aux jeunes gens pour parvenir aux grandeurs, aux plaisirs, à la réputation et à tout ce qui élève les hommes leur sont fermées, ou par la fortune, ou par leur conduite, ou par l'envie et l'injustice des autres; le chemin pour y rentrer est trop long et trop pénible quand on s'est une fois égaré; les difficultés leur en paraissent insurmontables, et l'âge ne leur permet plus d'y prétendre. Ils deviennent insensibles à l'amitié, non seulement parce qu'ils n'en ont peut-être jamais trouvé de véritable, mais parce qu'ils ont vu mourir un grand nombre de leurs amis qui n'avaient pas encore eu le temps ni les occasions de manquer à l'amitié et ils se persuadent aisément qu'ils auraient été plus fidèles que ceux qui leur restent. Ils n'ont plus de part aux premiers biens qui ont d'abord rempli leur imagination; ils n'ont même presque plus de part à la gloire : celle qu'ils ont acquise est déjà flétrie par le temps, et souvent les hommes en perdent plus en vieillissant qu'ils n'en acquièrent. Chaque jour leur ôte une portion d'eux-mêmes; ils n'ont plus assez de vie pour jouir de ce qu'ils ont, et bien moins encore pour arriver à ce qu'ils désirent; ils ne voient plus devant eux que des chagrins, des maladies et de l'abaissement; tout est vu, et rien ne peut avoir pour eux la grâce de la nouveauté; le temps les éloigne imperceptiblement du point de vue d'où il leur convient de voir les objets, et d'où ils doivent être vus. Les plus heureux sont encore soufferts, les autres sont méprisés; le seul bon parti qu'il leur reste, c'est de cacher au monde ce qu'ils ne lui ont peut-être que trop montré. Leur goût, détrompé des désirs inutiles, se tourne alors vers des

objets muets et insensibles; les bâtiments, l'agriculture,
l'économie, l'étude, toutes ces choses sont soumises à leurs
volontés; ils s'en approchent ou s'en éloignent comme il
leur plaît; ils sont maîtres de leurs desseins et de leurs
occupations; tout ce qu'ils désirent est en leur pouvoir et,
s'étant affranchis de la dépendance du monde, ils font
tout dépendre d'eux. Les plus sages savent employer à
leur salut le temps qu'il leur reste et, n'ayant qu'une
si petite part à cette vie, ils se rendent dignes d'une meilleure. Les autres n'ont au moins qu'eux-mêmes pour
témoins de leur misère; leurs propres infirmités les
amusent [104]; le moindre relâche leur tient lieu de bonheur; la nature, défaillante et plus sage qu'eux, leur ôte
souvent la peine de désirer; enfin ils oublient le monde,
qui est si disposé à les oublier; leur vanité même est
consolée par leur retraite, et avec beaucoup d'ennuis,
d'incertitudes et de faiblesses, tantôt par piété, tantôt par
raison, et le plus souvent par accoutumance, ils soutien-
nent le poids d'une vie insipide et languissante.

XIX. DES ÉVÉNEMENTS DE CE SIÈCLE

L'histoire, qui nous apprend ce qui arrive dans le
monde, nous montre également les grands événements et
les médiocres; cette confusion d'objets nous empêche
souvent de discerner avec assez d'attention les choses
extraordinaires qui sont renfermées dans le cours de
chaque siècle. Celui où nous vivons en a produit, à mon
sens, de plus singuliers que les précédents. J'ai voulu en
écrire quelques-uns, pour les rendre plus remarquables
aux personnes qui voudront y faire réflexion.

Marie de Médicis, reine de France, femme de Henri le
Grand, fut mère du roi Louis XIII, de Gaston, fils de
France, de la reine d'Espagne, de la duchesse de Savoie,
et de la reine d'Angleterre [105]; elle fut régente en France,
et gouverna le roi son fils, et son royaume, plusieurs
années. Elle éleva Armand de Richelieu à la dignité de
cardinal; elle le fit premier ministre, maître de l'État et
de l'esprit du Roi. Elle avait peu de vertus et peu de
défauts qui la dussent faire craindre, et néanmoins, après
tant d'éclat et de grandeurs, cette princesse, veuve de
Henri IV et mère de tant de rois, a été arrêtée prison-

nière par le Roi son fils, et par la haine du cardinal de
Richelieu qui lui devait sa fortune. Elle a été délaissée
des autres rois ses enfants, qui n'ont osé même la recevoir
dans leurs États, et elle est morte de misère, et presque
de faim, à Cologne, après une persécution de dix années.

Ange de Joyeuse [106], duc et pair, maréchal de France
et amiral, jeune, riche, galant et heureux, abandonna tant
d'avantages pour se faire capucin. Après quelques années
les besoins de l'État le rappelèrent au monde; le Pape le
dispensa de ses vœux, et lui ordonna d'accepter le
commandement des armées du Roi contre les huguenots;
il demeura quatre ans dans cet emploi, et se laissa entraîner pendant ce temps aux mêmes passions qui l'avaient
agité pendant sa jeunesse. La guerre étant finie, il renonça
une seconde fois au monde, et reprit l'habit de capucin.
Il vécut longtemps dans une vie sainte et religieuse; mais
la vanité, dont il avait triomphé dans le milieu des grandeurs, triompha de lui dans le cloître; il fut élu gardien
du couvent de Paris, et son élection étant contestée par
quelques religieux, il s'exposa non seulement à aller à
Rome dans un âge avancé, à pied et malgré les autres
incommodités d'un si pénible voyage, mais la même opposition des religieux s'étant renouvelée à son retour, il
partit une seconde fois pour retourner à Rome soutenir
un intérêt si peu digne de lui, et il mourut en chemin de
fatigue, de chagrin, et de vieillesse.

Trois hommes de qualité [107], Portugais, suivis de dix-
sept de leurs amis, entreprirent la révolte de Portugal et
des Indes [108] qui en dépendent, sans concert avec les
peuples ni avec les étrangers, et sans intelligence dans les
places. Ce petit nombre de conjurés se rendit maître du
palais de Lisbonne, en chassa la douairière de Mantoue,
régente pour le roi d'Espagne, et fit soulever tout le
royaume; il ne périt dans ce désordre que Vasconcellos,
ministre d'Espagne, et deux de ses domestiques. Un si
grand changement se fit en faveur du duc de Bragance,
et sans sa participation : il fut déclaré roi contre sa propre
volonté, et se trouva le seul homme de Portugal qui résis-
tât à son élection; il a possédé ensuite cette couronne
pendant quatorze années [109], n'ayant ni élévation, ni
mérite; il est mort dans son lit, et a laissé son royaume
paisible à ses enfants.

Le cardinal de Richelieu a été maître absolu du
royaume de France pendant le règne d'un roi qui lui
laissait le gouvernement de son État, lorsqu'il n'osait lui

confier sa propre personne; le Cardinal avait aussi les
mêmes défiances du Roi, et il évitait d'aller chez lui,
craignant d'exposer sa vie ou sa liberté; le Roi néanmoins
sacrifie Cinq-Mars, son favori, à la vengeance du Cardinal, et consent qu'il périsse sur un échafaud. Ensuite le
Cardinal meurt dans son lit; il dispose par son testament
des charges et des dignités de l'État, et oblige le Roi,
dans le plus fort de ses soupçons et de sa haine, à suivre
aussi aveuglément ses volontés après sa mort qu'il avait
fait pendant sa vie.

On doit sans doute trouver extraordinaire que Anne-
Marie-Louise d'Orléans, petite-fille de France [110], la plus
riche sujette de l'Europe, destinée pour les plus grands
rois, avare, rude et orgueilleuse, ait pu former le dessein,
à quarante-cinq ans, d'épouser Puyguilhem, cadet de la
maison de Lauzun, assez mal fait de sa personne, d'un
esprit médiocre, et qui n'a, pour toute bonne qualité, que
d'être hardi et insinuant. Mais on doit être encore plus
surpris que Mademoiselle ait pris cette chimérique résolution par un esprit de servitude et parce que Puyguilhem
était bien auprès du Roi; l'envie d'être femme d'un favori
lui tint lieu de passion, elle oublia son âge et sa naissance,
et, sans avoir d'amour, elle fit des avances à Puyguilhem
qu'un amour véritable ferait à peine excuser dans une
jeune personne et d'une moindre condition. Elle lui dit
un jour qu'il n'y avait qu'un seul homme qu'elle pût
choisir pour épouser. Il la pressa de lui apprendre son
choix; mais n'ayant pas la force de prononcer son nom,
elle voulut l'écrire avec un diamant sur les vitres d'une
fenêtre. Puyguilhem jugea sans doute ce qu'elle allait
faire, et espérant peut-être qu'elle lui donnerait cette
déclaration par écrit, dont il pourrait faire quelque usage,
il feignit une délicatesse de passion qui pût plaire à
Mademoiselle, et il lui fit un scrupule d'écrire sur du verre
un sentiment qui devait durer éternellement. Son dessein réussit comme il désirait, et Mademoiselle écrivit le
soir dans du papier : « C'est vous. » Elle le cacheta elle-
même; mais, comme cette aventure se passait un jeudi
et que minuit sonna avant que Mademoiselle pût donner
son billet à Puyguilhem, elle ne voulut pas paraître moins
scrupuleuse que lui, et craignant que le vendredi ne fût
un jour malheureux, elle lui fit promettre d'attendre au
samedi à ouvrir le billet qui lui devait apprendre cette
grande nouvelle. L'excessive fortune que cette déclaration
faisait envisager à Puyguilhem ne lui parut point au-

dessus de son ambition. Il songea à profiter du caprice
de Mademoiselle, et il eut la hardiesse d'en rendre compte
au Roi. Personne n'ignore qu'avec si grandes et éclatantes
qualités nul prince au monde n'a jamais eu plus de hau-
teur, ni plus de fierté. Cependant, au lieu de perdre Puyguilhem d'avoir osé lui découvrir ses espérances, il lui
permit non seulement de les conserver, mais il consentit
que quatre officiers de la couronne lui vinssent demander
son approbation pour un mariage si surprenant, et sans
que Monsieur ni Monsieur le Prince [111] en eussent
entendu parler. Cette nouvelle se répandit dans le monde,
et le remplit d'étonnement et d'indignation. Le Roi ne
sentit pas alors ce qu'il venait de faire contre sa gloire et
contre sa dignité. Il trouva seulement qu'il était de sa
grandeur d'élever en un jour Puyguilhem au-dessus des
plus grands du royaume et, malgré tant de disproportion,
il le jugea digne d'être son cousin germain, le premier
pair de France et maître de cinq cent mille livres de
rente; mais ce qui le flatta le plus encore, dans un si
extraordinaire dessein, ce fut le plaisir secret de surprendre le monde, et de faire pour un homme qu'il aimait
ce que personne n'avait encore imaginé. Il fut au pouvoir
de Puyguilhem de profiter durant trois jours de tant de
prodiges que la fortune avait faits en sa faveur, et d'épouser Mademoiselle; mais, par un prodige plus grand
encore, sa vanité ne put être satisfaite s'il ne l'épousait
avec les mêmes cérémonies que s'il eût été de sa qualité :
il voulut que le Roi et la Reine fussent témoins de ses
noces, et qu'elles eussent tout l'éclat que leur présence y
pouvait donner. Cette présomption sans exemple lui fit
employer à de vains préparatifs, et à passer son contrat,
tout le temps qui pouvait assurer son bonheur. Mme de
Montespan, qui le haïssait, avait suivi néanmoins le
penchant du Roi et ne s'était point opposée à ce mariage.
Mais le bruit du monde la réveilla; elle fit voir au Roi ce
que lui seul ne voyait pas encore; elle lui fit écouter la
voix publique, il connut l'étonnement des ambassadeurs,
il reçut les plaintes et les remontrances respectueuses de
Madame douairière [112] et de toute la maison royale. Tant
de raisons firent longtemps balancer le Roi, et ce fut avec
une extrême peine qu'il déclara à Puyguilhem qu'il ne
pouvait consentir ouvertement à son mariage. Il l'assura
néanmoins que ce changement en apparence ne change-
rait rien en effet; qu'il était forcé, malgré lui, de céder à
l'opinion générale, et de lui défendre d'épouser Made-

moiselle, mais qu'il ne prétendait pas que cette défense
empêchât son bonheur. Il le pressa de se marier en secret,
et il lui promit que la disgrâce qui devait suivre une telle
faute ne durerait que huit jours. Quelque sentiment que
ce discours pût donner à Puyguilhem, il dit au Roi qu'il
renonçait avec joie à tout ce qui lui avait permis d'espérer, puisque sa gloire en pouvait être blessée, et qu'il n'y
avait point de fortune qui le pût consoler d'être huit
jours séparé de lui. Le Roi fut véritablement touché de
cette soumission; il n'oublia rien pour obliger Puyguilhem à profiter de la faiblesse de Mademoiselle, et Puyguilhem n'oublia rien aussi, de son côté, pour faire voir
au Roi qu'il lui sacrifiait toutes choses. Le désintéressement seul ne fit pas prendre néanmoins cette conduite à
Puyguilhem : il crut qu'elle l'assurait pour toujours de
l'esprit du Roi, et que rien ne pourrait à l'avenir diminuer sa faveur. Son caprice et sa vanité le portèrent même
si loin que ce mariage si grand et si disproportionné lui
parut insupportable parce qu'il ne lui était plus permis
de le faire avec tout le faste et tout l'éclat qu'il s'était
proposé. Mais ce qui le détermina le plus puissamment
à le rompre, ce fut l'aversion insurmontable qu'il avait
pour la personne de Mademoiselle, et le dégoût d'être son
mari. Il espéra même de tirer des avantages solides de
l'emportement de Mademoiselle, et que, sans l'épouser,
elle lui donnerait la souveraineté de Dombes et le duché
de Montpensier. Ce fut dans cette vue qu'il refusa
d'abord toutes les grâces dont le Roi voulut le combler;
mais l'humeur avare et inégale de Mademoiselle, et les
difficultés qui se rencontrèrent à assurer de si grands
biens à Puyguilhem, rendirent ce dessein inutile, et
l'obligèrent à recevoir les bienfaits du Roi. Il lui donna
le gouvernement de Berry et cinq cent mille livres. Des
avantages si considérables ne répondirent pas toutefois
aux espérances que Puyguilhem avait formées. Son chagrin fournit bientôt à ses ennemis, et particulièrement à
Mme de Montespan, tous les prétextes qu'ils souhaitaient
pour le ruiner. Il connut son état et sa décadence et, au
lieu de se ménager auprès du Roi avec de la douceur, de
la patience et de l'habileté, rien ne fut plus capable de
retenir son esprit âpre et fier. Il fit enfin des reproches
au Roi; il lui dit même des choses rudes et piquantes,
jusqu'à casser son épée en sa présence en disant qu'il ne
la tirerait plus pour son service; il lui parla avec mépris
de Mme de Montespan, et s'emporta contre elle avec tant

de violence qu'elle douta de sa sûreté et n'en trouva plus qu'à le perdre. Il fut arrêté bientôt après, et on le mena à Pignerol, où il éprouva par une longue et dure prison la douleur d'avoir perdu les bonnes grâces du Roi, et d'avoir laissé échapper par une fausse vanité tant de grandeurs et tant d'avantages que la condescendance de son maître et la bassesse de Mademoiselle lui avaient présentés.

Alphonse, roi de Portugal, fils du duc de Bragance dont je viens de parler, s'est marié en France à la fille du duc de Nemours, jeune, sans biens et sans protection. Peu de temps après, cette princesse a formé le dessein de quitter le Roi son mari; elle l'a fait arrêter dans Lisbonne, et les mêmes troupes, qui un jour auparavant le gardaient comme leur roi, l'ont gardé le lendemain comme prisonnier; il a été confiné dans une île de ses propres États, et on lui a laissé la vie et le titre de roi. Le prince de Portugal, son frère, a épousé la Reine [113]; elle conserve sa dignité, et elle a revêtu le prince son mari de toute l'autorité du gouvernement, sans lui donner le nom de roi; elle jouit tranquillement du succès d'une entreprise si extraordinaire, en paix avec les Espagnols, et sans guerre civile dans le royaume.

Un vendeur d'herbes, nommé Masaniel [114], fit soulever le menu peuple de Naples, et malgré la puissance des Espagnols il usurpa l'autorité royale; il disposa souverainement de la vie, de la liberté et des biens de tout ce qui lui fut suspect; il se rendit maître des douanes; il dépouilla les partisans [115] de tout leur argent et de leurs meubles, et fit brûler publiquement toutes ces richesses immenses dans le milieu de la ville, sans qu'un seul de cette foule confuse de révoltés voulût profiter d'un bien qu'on croyait mal acquis. Ce prodige ne dura que quinze jours, et finit par un autre prodige : ce même Masaniel, qui achevait de si grandes choses avec tant de bonheur, de gloire, et de conduite, perdit subitement l'esprit, et mourut frénétique en vingt-quatre heures [116].

La reine de Suède [117], en paix dans ses États et avec ses voisins, aimée de ses sujets, respectée des étrangers, jeune et sans dévotion, a quitté volontairement son royaume, et s'est réduite à une vie privée. Le roi de Pologne, de la même maison que la reine de Suède [118], s'est démis aussi de la royauté, par la seule lassitude d'être roi.

Un lieutenant d'infanterie sans nom et sans crédit [119]

a commencé, à l'âge de quarante-cinq ans, de se faire connaître dans les désordres d'Angleterre. Il a dépossédé son roi légitime, bon, juste, doux, vaillant et libéral ; il lui a fait trancher la tête, par un arrêt de son parlement ; il a changé la royauté en république ; il a été dix ans maître de l'Angleterre, plus craint de ses voisins et plus absolu dans son pays que tous les rois qui y ont régné. Il est mort paisible, et en pleine possession de toute la puissance du royaume.

Les Hollandais ont secoué le joug de la domination d'Espagne ; ils ont formé une puissante république, et ils ont soutenu cent ans la guerre contre leurs rois légitimes pour conserver leur liberté. Ils doivent tant de grandes choses à la conduite et à la valeur des princes d'Orange, dont ils ont néanmoins toujours redouté l'ambition et limité le pouvoir. Présentement cette république, si jalouse de sa puissance, accorde au prince d'Orange d'aujourd'hui, malgré son peu d'expérience et ses malheureux succès dans la guerre, ce qu'elle a refusé à ses pères : elle ne se contente pas de relever sa fortune abattue, elle le met en état de se faire souverain de Hollande [120], et elle a souffert qu'il ait fait déchirer par le peuple un homme qui maintenait seule la liberté publique [121].

Cette puissance d'Espagne, si étendue et si formidable à tous les rois du monde, trouve aujourd'hui son principal appui dans ses sujets rebelles, et se soutient par la protection des Hollandais.

Un empereur, jeune, faible, simple, gouverné par des ministres incapables, et pendant le plus grand abaissement de la maison d'Autriche, se trouve en un moment chef de tous les princes d'Allemagne, qui craignent son autorité et méprisent sa personne, et il est plus absolu que n'a jamais été Charles-Quint [122].

Le roi d'Angleterre [123], faible, paresseux, et plongé dans les plaisirs, oubliant les intérêts de son royaume et ses exemples domestiques [124], s'est exposé avec fermeté depuis six ans à la fureur de ses peuples et à la haine de son parlement pour conserver une liaison étroite avec le roi de France ; au lieu d'arrêter les conquêtes de ce prince dans les Pays-Bas, il y a même contribué en lui fournissant des troupes. Cet attachement l'a empêché d'être maître absolu d'Angleterre et d'en étendre les frontières en Flandre et en Hollande par des places et par des ports, qu'il a toujours refusés ; mais dans le temps qu'il reçoit des sommes considérables du Roi, et qu'il a le plus de besoin d'en être soutenu contre ses propres sujets, il renonce, sans prétexte, à tant d'engagements, et il se déclare contre la France, précisément quand il lui est utile et honnête d'y être attaché; par une mauvaise politique précipitée, il perd, en un moment, le seul avantage qu'il pouvait retirer d'une mauvaise politique de six années, et ayant pu donner la paix comme médiateur, il est réduit à la demander comme suppliant, quand le Roi l'accorde à l'Espagne, à l'Allemagne et à la Hollande [125].

Les propositions qui avaient été faites au roi d'Angleterre de marier sa nièce, la princesse d'York, au prince d'Orange, ne lui étaient pas agréables; le duc d'York en paraissait aussi éloigné que le Roi son frère, et le prince d'Orange même, rebuté par les difficultés de ce dessein, ne pensait plus à le faire réussir. Le roi d'Angleterre, étroitement lié au roi de France, consentait à ses conquêtes, lorsque les intérêts du grand trésorier d'Angleterre [126] et la crainte d'être attaqué par le Parlement lui ont fait chercher sa sûreté particulière, en disposant le Roi son maître à s'unir avec le prince d'Orange par le mariage de la princesse d'York, et à faire déclarer l'Angleterre contre la France pour la protection des Pays-Bas. Ce changement du roi d'Angleterre a été si prompt et si secret que le duc d'York l'ignorait encore deux jours devant le mariage de sa fille, et personne ne se pouvait persuader que le roi d'Angleterre, qui avait hasardé dix ans sa vie et sa couronne pour demeurer attaché à la France, pût renoncer en un moment à tout ce qu'il en espérait pour suivre le sentiment de son ministre. Le prince d'Orange, de son côté, qui avait tant d'intérêt de se faire un chemin pour être un jour roi d'Angleterre, négligeait ce mariage qui le rendait héritier présomptif du royaume; il bornait ses desseins à affermir son autorité en Hollande, malgré les mauvais succès de ses dernières campagnes, et il s'appliquait à se rendre aussi absolu dans les autres provinces de cet État qu'il le croyait être dans la Zélande; mais il s'aperçut bientôt qu'il devait prendre d'autres mesures, et une aventure ridicule lui fit mieux connaître l'état où il était dans son pays qu'il ne le voyait par ses propres lumières. Un crieur public vendait des meubles à un encan où beaucoup de monde s'assembla; il mit en vente un atlas, et voyant que personne ne l'enchérissait, il dit au peuple que ce livre était néanmoins plus rare qu'on ne pensait, et que les cartes en étaient si exactes que la rivière dont M. le Prince d'Orange n'avait eu aucune connaissance lorsqu'il perdit la bataille de Cassel [127] y était fidèlement marquée. Cette raillerie, qui fut reçue avec un applaudissement universel, a été un des plus puissants motifs qui ont obligé le prince d'Orange à rechercher de nouveau l'alliance d'Angleterre, pour contenir la Hollande, et pour joindre tant de puissances contre nous. Il semble néanmoins que ceux qui ont désiré ce mariage, et ceux qui y ont été contraires, n'ont pas connu leurs intérêts : le grand trésorier d'Angleterre a voulu adoucir le Parlement et se garantir d'en être attaqué, en portant le Roi son maître à donner sa nièce au prince d'Orange, et à se déclarer contre la France ; le roi d'Angleterre a cru affermir son autorité dans son royaume par l'appui du prince d'Orange, et il a prétendu engager ses peuples à lui fournir de l'argent pour ses plaisirs, sous prétexte de faire la guerre au roi de France et de le contraindre à recevoir la paix ; le prince d'Orange a eu dessein de soumettre la Hollande par la protection d'Angleterre ; la France a appréhendé qu'un mariage si opposé à ses intérêts n'emportât la balance en joignant l'Angleterre à tous nos ennemis [128]. L'événement a fait voir, en six semaines, la fausseté de tant de raisonnements : ce mariage met une défiance éternelle entre l'Angleterre et la Hollande, et toutes deux se regardent comme un dessein d'opprimer leur liberté ; le parlement d'Angleterre attaque les ministres du Roi, pour attaquer ensuite sa propre personne ; les États de Hollande, lassés de la guerre et jaloux de leur liberté, se repentent d'avoir mis leur autorité entre les mains d'un jeune homme ambitieux, et héritier présomptif de la couronne d'Angleterre ; le roi de France, qui a d'abord regardé ce mariage comme une nouvelle ligue qui se formait contre lui, a su s'en servir pour diviser ses ennemis, et pour se mettre en état de prendre la Flandre, s'il n'avait préféré la gloire de faire la paix à la gloire de faire de nouvelles conquêtes.

Si le siècle présent n'a pas moins produit d'événements extraordinaires que les siècles passés, on conviendra sans doute qu'il a le malheureux avantage de les surpasser dans l'excès des crimes. La France même, qui les a toujours détestés, qui y est opposée par l'humeur de la nation, par la religion, et qui est soutenue par les exemples du prince qui règne, se trouve néanmoins aujourd'hui le théâtre où l'on voit paraître tout ce que l'histoire et la fable [129] nous ont dit des crimes de l'Antiquité [130]. Les vices sont de tous les temps, les hommes sont nés avec de l'intérêt, de la cruauté et de la débauche; mais si des personnes que tout le monde connaît avaient paru dans les premiers siècles, parlerait-on présentement des prostitutions d'Héliogabale, de la foi [131] des Grecs et des poisons et des parricides de Médée ?

APPENDICE
AUX ÉVÉNEMENTS DE CE SIÈCLE [132]

1. PORTRAIT DE MME DE MONTESPAN

Diane [133] de Rochechouart est fille du duc de Mortemart et femme du marquis de Montespan. Sa beauté est surprenante; son esprit et sa conversation ont encore plus de charme que sa beauté. Elle fit dessein de plaire au Roi et de l'ôter à La Vallière dont il était amoureux. Il négligea longtemps cette conquête, et il en fit même des railleries. Deux ou trois années se passèrent sans qu'elle fît d'autres progrès que d'être dame du palais attachée particulièrement à la Reine, et dans une étroite familiarité avec le Roi et La Vallière. Elle ne se rebuta pas néanmoins, et se confiant à sa beauté, à son esprit, et aux offices de Mme de Montausier [134], dame d'honneur de la Reine, elle suivit son projet sans douter de l'événement. Elle ne s'y est pas trompée : ses charmes et le temps détachèrent le Roi de La Vallière, et elle se vit maîtresse déclarée. Le marquis de Montespan sentit son malheur avec toute la violence d'un homme jaloux. Il s'emporta contre sa femme; il reprocha publiquement à Mme de Montausier qu'elle l'avait entraîné dans la honte où elle était plongée. Sa douleur et son désespoir firent tant d'éclat qu'il fut contraint de sortir du royaume pour conserver sa liberté. Mme de Montespan eut alors toute la facilité qu'elle désirait, et son crédit n'eut plus de bornes. Elle eut un logement particulier dans toutes les maisons du Roi; les conseils secrets se tenaient chez elle. La Reine céda à sa faveur comme tout le reste de la cour, et non seulement il ne lui fut plus permis d'ignorer un amour si public, mais elle fut obligée d'en voir toutes les suites sans oser se plaindre, et elle dut à Mme de Montespan les marques d'amitié et de douceur qu'elle recevait du Roi. Mme de Montespan voulut encore que La Vallière fût témoin de son triomphe, qu'elle fût pré-

sente et auprès d'elle à tous les divertissements publics
et particuliers; elle la fit entrer dans le secret de la naissance de ses enfants dans les temps où elle cachait son
état à ses propres domestiques. Elle se lassa enfin de la
présence de La Vallière malgré ses soumissions et ses
souffrances, et cette fille simple et crédule fut réduite à
prendre l'habit de carmélite, moins par dévotion que par
faiblesse, et on peut dire qu'elle ne quitta le monde que
pour faire sa cour [135].

2. PORTRAIT DU CARDINAL DE RETZ [136]

Paul de Gondi, cardinal de Retz, a beaucoup d'élévation, d'étendue d'esprit, et plus d'ostentation que de
vraie grandeur de courage. Il a une mémoire extraordinaire, plus de force que de politesse dans ses paroles,
l'humeur facile, de la docilité et de la faiblesse à souffrir
les plaintes et les reproches de ses amis, peu de piété,
quelques apparences de religion. Il paraît ambitieux sans
l'être; la vanité, et ceux qui l'ont conduit, lui ont fait
entreprendre de grandes choses presque toutes opposées
à sa profession; il a suscité les plus grands désordres de
l'État sans avoir un dessein formé de s'en prévaloir, et
bien loin de se déclarer ennemi du cardinal Mazarin pour
occuper sa place, il n'a pensé qu'à lui paraître redoutable,
et à se flatter de la fausse vanité de lui être opposé. Il a
su profiter néanmoins avec habileté des malheurs publics
pour se faire cardinal; il a souffert la prison avec fermeté,
et n'a dû sa liberté qu'à sa hardiesse. La paresse l'a soutenu avec gloire, durant plusieurs années, dans l'obscurité
d'une vie errante et cachée. Il a conservé l'archevêché
de Paris contre la puissance du cardinal Mazarin; mais
après la mort de ce ministre il s'en est démis sans connaître
ce qu'il faisait, et sans prendre cette conjoncture pour
ménager les intérêts de ses amis et les siens propres. Il
est entré dans divers conclaves, et sa conduite a toujours
augmenté sa réputation. Sa pente naturelle est l'oisiveté;
il travaille néanmoins avec activité dans les affaires qui le
pressent, et il se repose avec nonchalance quand elles sont
finies. Il a une présence d'esprit, et il sait tellement tourner à son avantage les occasions que la fortune lui offre
qu'il semble qu'il les ait prévues et désirées. Il aime à
raconter; il veut éblouir indifféremment tous ceux qui
l'écoutent par des aventures extraordinaires, et souvent

son imagination lui fournit plus que sa mémoire. Il est faux dans la plupart de ses qualités, et ce qui a le plus contribué à sa réputation c'est de savoir donner un beau jour à ses défauts. Il est insensible à la haine et à l'amitié, quelque soin qu'il ait pris de paraître occupé de l'une ou de l'autre; il est incapable d'envie ni d'avarice, soit par vertu ou par inapplication. Il a plus emprunté de ses amis qu'un particulier ne devait espérer de leur pouvoir rendre; il a senti de la vanité à trouver tant de crédit, et à entreprendre de s'acquitter. Il n'a point de goût ni de délicatesse; il s'amuse à tout et ne se plaît à rien; il évite avec adresse de laisser pénétrer qu'il n'a qu'une légère connaissance de toutes choses. La retraite qu'il vient de faire [137] est la plus éclatante et la plus fausse action de sa vie; c'est un sacrifice qu'il fait à son orgueil, sous prétexte de dévotion : il quitte la cour, où il ne peut s'attacher, et il s'éloigne du monde, qui s'éloigne de lui.

3. REMARQUES SUR LES COMMENCEMENTS DE LA VIE DU CARDINAL DE RICHELIEU

Monsieur de Luçon, qui depuis a été cardinal de Richelieu, s'étant attaché entièrement aux intérêts du maréchal d'Ancre, lui conseilla de faire la guerre; mais après lui avoir donné cette pensée et que la proposition en fut faite au Conseil, Monsieur de Luçon témoigna de la désapprouver et s'y opposa pour ce que M. de Nevers [138], qui croyait que la paix fût avantageuse pour ses desseins, lui avait fait offrir le prieuré de La Charité par le P. Joseph, pourvu qu'il la fît résoudre au Conseil. Ce changement d'opinion de Monsieur de Luçon surprit le maréchal d'Ancre, et l'obligea de lui dire avec quelque aigreur qu'il s'étonnait de le voir passer si promptement d'un sentiment à un autre tout contraire; à quoi Monsieur de Luçon répondit ces propres paroles, que les nouvelles rencontres demandent de nouveaux conseils. Mais jugeant bien par là qu'il avait déplu au maréchal, il résolut de chercher les moyens de le perdre; et un jour que Déageant [139] l'était allé trouver pour lui faire signer quelques expéditions, il lui dit qu'il avait une affaire importante à communiquer à M. de Luynes, et qu'il souhaitait de l'entretenir. Le lendemain, M. de Luynes et lui se virent, où Monsieur de Luçon lui dit que le maréchal d'Ancre était résolu de le perdre, et que le seul

moyen de se garantir d'être opprimé par un si puissant
ennemi était de le prévenir. Ce discours surprit beaucoup
M. de Luynes, qui avait déjà pris cette résolution, ne
sachant si ce conseil, qui lui était donné par une créature
du maréchal, n'était point un piège pour le surprendre
et pour lui faire découvrir ses sentiments. Néanmoins
Monsieur de Luçon lui fit paraître tant de zèle pour le
service du Roi et un si grand attachement à la ruine du
maréchal, qu'il disait être le plus grand ennemi de l'État,
que M. de Luynes, persuadé de sa sincérité, fut sur le
point de lui découvrir son dessein, et de lui communiquer le projet qu'il avait fait de tuer le maréchal; mais
s'étant retenu alors de lui en parler, il dit à Déageant la
conversation qu'ils avaient eue ensemble et l'envie qu'il
avait de lui faire part de son secret; ce que Déageant
désapprouva entièrement, et lui fit voir que ce serait donner un moyen infaillible à Monsieur de Luçon de se
réconcilier à ses dépens avec le maréchal, et de se joindre
plus étroitement que jamais avec lui, en lui découvrant
une affaire de cette conséquence : de sorte que la chose
s'exécuta, et le maréchal d'Ancre fut tué sans que Monsieur de Luçon en eût connaissance. Mais les conseils
qu'il avait donnés à M. de Luynes, et l'animosité qu'il
lui avait témoigné d'avoir contre le maréchal le conser-
vèrent, et firent que le Roi lui commanda de continuer
d'assister au Conseil, et d'exercer sa charge de secrétaire
d'État comme il avait accoutumé; si bien qu'il demeura
encore quelque temps à la cour, sans que la chute du
maréchal qui l'avait avancé nuisît à sa fortune. Mais,
comme il n'avait pas pris les mêmes précautions envers
les vieux ministres qu'il avait fait auprès de M. de
Luynes, M. de Villeroy et M. le président Jeannin, qui
virent par quel biais il entrait dans les affaires, firent
connaître à M. de Luynes qu'il ne devait pas attendre
plus de fidélité de lui qu'il en avait témoigné pour le
maréchal d'Ancre, et qu'il était nécessaire de l'éloigner
comme une personne dangereuse et qui voulait s'établir
par quelques voies que ce pût être : ce qui fit résoudre
M. de Luynes à lui commander de se retirer à Avignon [140].
Cependant la Reine mère du Roi alla à Blois, et Monsieur
de Luçon, qui ne pouvait souffrir de se voir privé de
toutes ses espérances, essaya de renouer avec M. de
Luynes et lui fit offrir que, s'il lui permettait de retourner auprès de la Reine, qu'il se servirait du pouvoir qu'il
avait sur son esprit pour lui faire chasser tous ceux qui

lui étaient désagréables et pour lui faire faire toutes les choses que M. de Luynes lui prescrirait. Cette proposition fut reçue, et Monsieur de Luçon, retournant, produisit l'affaire du Pont-de-Cé [141], ensuite de quoi il fut fait cardinal, et commença d'établir les fondements de la grandeur où il est parvenu.

4. LE COMTE D'HARCOURT [142]

Le soin que la fortune a pris d'élever et d'abattre le mérite des hommes est connu dans tous les temps, et il y a mille exemples du droit qu'elle s'est donné de mettre le prix à leurs qualités, comme les souverains mettent le prix à la monnaie, pour faire voir que sa marque leur donne le cours qu'il lui plaît. Si elle s'est servie des talents extraordinaires de Monsieur le Prince et de M. de Turenne pour les faire admirer [143], il paraît qu'elle a respecté leur vertu et que, tout injuste qu'elle est, elle n'a pu se dispenser de leur faire justice. Mais on peut dire qu'elle veut montrer toute l'étendue de son pouvoir lorsqu'elle choisit des sujets médiocres pour les égaler aux plus grands hommes. Ceux qui ont connu le comte d'Harcourt conviendront de ce que je dis, et ils le regarderont comme un chef-d'œuvre de la fortune qui a voulu que la postérité le jugeât digne d'être comparé dans la gloire des armes aux plus célèbres capitaines. Ils lui verront exécuter heureusement les plus difficiles et les plus glorieuses entreprises. Les succès des îles Sainte-Marguerite, de Casal, le combat de la Route, le siège de Turin, les batailles gagnées en Catalogne [144], une si longue suite de victoires étonneront les siècles à venir. La gloire du comte d'Harcourt sera en balance avec celle de Monsieur le Prince et de M. de Turenne, malgré les distances que la nature a mises entre eux; elle aura un même rang dans l'histoire, et on n'osera refuser à son mérite ce que l'on sait présentement qui n'est dû qu'à sa seule fortune.

TEXTES COMPLÉMENTAIRES

Voici un portrait du cœur de l'homme que je donne au public [145], sous le nom de *Réflexions ou Maximes morales*. Il court fortune de ne plaire pas à tout le monde, parce qu'on trouvera peut-être qu'il ressemble trop, et qu'il ne flatte pas assez. Il y a apparence que l'intention du peintre n'a jamais été de faire paraître cet ouvrage, et qu'il serait encore renfermé dans son cabinet si une méchante copie qui en a couru, et qui a passé même depuis quelque temps en Hollande, n'avait obligé un de ses amis de m'en donner une autre, qu'il dit être tout à fait conforme à l'original ; mais toute correcte qu'elle est, possible n'évitera-t-elle pas la censure de certaines personnes qui ne peuvent souffrir que l'on se mêle de pénétrer dans le fond de leur cœur, et qui croient être en droit d'empêcher que les autres les connaissent, parce qu'elles ne veulent pas se connaître elles-mêmes. Il est vrai que, comme ces *Maximes* sont remplies de ces sortes de vérités dont l'orgueil humain ne se peut accommoder, il est presque impossible qu'il ne se soulève contre elles, et qu'elles ne s'attirent des censeurs. Aussi est-ce pour eux que je mets ici une *Lettre* [146] que l'on m'a donnée, qui a été faite depuis que le manuscrit a paru, et dans le temps que chacun se mêlait d'en dire son avis. Elle m'a semblé assez propre pour répondre aux principales difficultés que l'on peut opposer aux *Réflexions*, et pour expliquer les sentiments de leur auteur. Elle suffit pour faire voir que ce qu'elles contiennent n'est autre chose que l'abrégé d'une morale conforme aux pensées de plusieurs Pères de l'Église, et que celui qui les a écrites a eu beaucoup de

raison de croire qu'il ne pouvait s'égarer en suivant de si
bons guides, et qu'il lui était permis de parler de l'*homme*
comme les Pères en ont parlé. Mais si le respect qui leur
est dû n'est pas capable de retenir le chagrin des critiques,
s'ils ne font point de scrupule de condamner l'opinion de
ces grands hommes en condamnant ce livre, je prie le
lecteur de ne les pas imiter, de ne laisser point entraîner
son esprit au premier mouvement de son cœur, et de
donner ordre, s'il est possible, que l'*amour-propre* ne se
mêle point dans le jugement qu'il en fera; car s'il le
consulte, il ne faut pas s'attendre qu'il puisse être favorable à ces *Maximes :* comme elles traitent l'*amour-propre*
de corrupteur de la raison, il ne manquera pas de prévenir l'esprit contre elles. Il faut donc prendre garde que
cette prévention ne les justifie, et se persuader qu'il n'y a
rien de plus propre à établir la vérité de ces *Réflexions*
que la chaleur et la subtilité que l'on témoignera pour les
combattre. En effet il sera difficile de faire croire à tout
homme de bon sens que l'on les condamne par d'autre
motif que par celui de l'intérêt caché, de l'orgueil et de
l'amour-propre. En un mot, le meilleur parti que le lecteur ait à prendre est de se mettre d'abord dans l'esprit
qu'il n'y a aucune de ces maximes qui le regarde en
particulier, et qu'il en est seul excepté, bien qu'elles
paraissent générales; après cela, je lui réponds qu'il sera
le premier à y souscrire, et qu'il croira qu'elles font encore
grâce au cœur humain. Voilà ce que j'avais à dire sur cet
écrit en général. Pour ce qui est de la méthode que l'on
y eût pu observer, je crois qu'il eût été à désirer que
chaque *maxime* eût eu un titre du sujet qu'elle traite, et
qu'elles eussent été mises dans un plus grand ordre;
mais je ne l'ai pu faire sans renverser entièrement celui
de la copie qu'on m'a donnée; et comme il y a plusieurs
maximes sur une même matière, ceux à qui j'en ai
demandé avis ont jugé qu'il était plus expédient de faire
une table à laquelle on aura recours pour trouver celles
qui traitent d'une même chose.

DISCOURS
SUR LES RÉFLEXIONS OU SENTENCES
ET MAXIMES MORALES [147]

MONSIEUR,

Je ne saurais vous dire au vrai si les Réflexions morales sont de M. ***, quoiqu'elles soient écrites d'une manière qui semble approcher de la sienne; mais en ces occasions-là je me défie presque toujours de l'opinion publique, et c'est assez qu'elle lui en ait fait un présent pour me donner une juste raison de n'en rien croire. Voilà de bonne foi tout ce que je vous puis répondre sur la première chose que vous me demandez. Et pour l'autre, si vous n'aviez bien du pouvoir sur moi, vous n'en auriez guère plus de contentement; car un homme prévenu, au point que je le suis, d'estime pour cet ouvrage n'a pas toute la liberté qu'il faut pour en bien juger. Néanmoins, puisque vous me l'ordonnez, je vous en dirai mon avis, sans vouloir m'ériger autrement en faiseur de dissertations, et sans y mêler en aucune façon l'intérêt de celui que l'on croit avoir fait cet écrit. Il est aisé de voir d'abord qu'il n'était pas destiné pour paraître au jour, mais seulement pour la satisfaction d'une personne qui, à mon avis, n'aspire pas à la gloire d'être auteur; et si par hasard c'était M. ***, je puis vous dire que sa réputation est établie dans le monde par tant de meilleurs titres qu'il n'aurait pas moins de chagrin de savoir que ces *Réflexions* sont devenues publiques qu'il en eut lorsque les *Mémoires* qu'on lui attribue furent imprimés [148]. Mais vous savez, Monsieur, l'empressement qu'il y a dans le siècle pour publier toutes les nouveautés, et s'il y a moyen de l'empêcher quand on le voudrait, surtout celles qui courent sous des noms qui les rendent recommandables. Il n'y a rien de plus vrai, Monsieur : les noms font valoir les choses auprès de ceux qui n'en sauraient connaître le véritable prix; celui des *Réflexions* est connu de peu de gens, quoique plusieurs se soient mêlés d'en dire leur avis. Pour moi, je ne me pique pas d'être assez délicat et assez habile pour en bien juger; je dis habile et délicat, parce que je tiens qu'il faut être pour cela l'un et l'autre; et quand je me pourrais flatter de l'être, je m'imagine que j'y trouverais peu de choses à changer. J'y rencontre partout de la force et de la pénétration, des pensées élevées et hardies, le tour de l'expression noble, et accompagné d'un certain air de qualité qui n'appartient pas à tous ceux qui se mêlent d'écrire. Je demeure d'accord qu'on n'y trouvera pas tout l'ordre ni tout l'art que l'on y pourrait souhaiter, et qu'un savant qui aurait un plus grand loisir y aurait pu mettre plus d'arrangement; mais un homme qui n'écrit que pour soi, et pour délasser son esprit, qui écrit les choses à mesure qu'elles lui viennent dans la pensée, n'affecte pas tant de suivre les règles que celui qui écrit de profession, qui s'en fait une affaire, et qui songe à s'en faire honneur. Ce désordre néanmoins a ses grâces, et des grâces que l'art ne peut imiter. Je ne sais pas si vous êtes de mon goût, mais quand les savants m'en devraient vouloir du mal, je ne puis m'empêcher de dire que je préférerai toute ma vie la manière d'écrire négligée d'un courtisan qui a de l'esprit à la régularité gênée d'un docteur qui n'a jamais rien vu que ses livres. *Plus ce qu'il dit et ce qu'il écrit paraît aisé, et dans un certain air d'un homme qui se néglige, plus cette négligence, qui cache l'art sous une expression simple et naturelle, lui donne d'agrément.* C'est de Tacite que je tiens ceci [149], je vous mets à la marge le passage latin, que vous lirez si vous en avez envie; et j'en userai de même de tous ceux dont je me souviendrai, n'étant pas assuré si vous aimez cette langue qui n'entre guère dans le commerce du grand monde, quoique je sache que vous l'entendez parfaitement. N'est-il pas vrai, Monsieur, que cette justesse recherchée avec trop d'étude a toujours un je ne sais quoi de contraint qui donne du dégoût, et qu'on ne trouve jamais dans les ouvrages de ces gens esclaves des règles ces beautés où l'art se déguise sous les apparences du naturel, ce don d'écrire facilement et noblement, enfin ce que le Tasse a dit du palais d'Armide :

Stimi (si misto il culto è col negletto),
Sol'naturali gli ornamenti e i siti.
Di natura arte par, che per diletto

L'imitatrice sua scherzando imiti [150].

Voilà comme un poète français l'a pensé après lui :

> L'artifice n'a point de part
> Dans cette admirable structure;
> La nature, en formant tous les traits au hasard,
> Sait si bien imiter la justesse de l'art
> Que l'œil, trompé d'une douce imposture,
> Croit que c'est l'art qui suit l'ordre de la nature.

Voilà ce que je pense de l'ouvrage en général; mais je vois bien que ce n'est pas assez pour vous satisfaire, et que vous voulez que je réponde plus précisément aux difficultés que vous me dites que l'on vous a faites [151]. Il me semble que la première est celle-ci : *que les Réflexions détruisent toutes les vertus.* On peut dire à cela que l'intention de celui qui les a écrites paraît fort éloignée de les vouloir détruire; il prétend seulement faire voir qu'il n'y en a presque point de pures dans le monde, et que dans la plupart de nos actions il y a un mélange d'erreur et de vérité, de perfection et d'imperfection, de vice et de vertu; il regarde le cœur de l'homme corrompu, attaqué de l'orgueil et de l'amour-propre, et environné de mauvais exemples comme le commandant d'une ville assiégée à qui l'argent a manqué : il fait de la monnaie de cuir, et de carton; cette monnaie a la figure de la bonne, on la débite pour le même prix, mais ce n'est que la misère et le besoin qui lui donnent cours parmi les assiégés. De même la plupart des actions des hommes que le monde prend pour des vertus n'en ont bien souvent que l'image et la ressemblance. Elles ne laissent pas néanmoins d'avoir leur mérite et d'être dignes en quelque sorte de notre estime, étant très difficile d'en avoir humainement de meilleures. Mais quand il serait vrai qu'il croirait qu'il n'y en aurait aucune de véritable dans l'homme, en le considérant dans un état purement naturel, il ne serait pas le premier qui aurait eu cette opinion. Si je ne craignais pas de m'ériger en docteur, je vous citerais bien des auteurs, et même des Pères de l'Église, et de grands saints, qui ont pensé que l'amour-propre et l'orgueil étaient l'âme des plus belles actions des païens. Je vous ferais voir que quelques-uns d'entre eux n'ont pas même pardonné à la chasteté de Lucrèce, que tout le monde avait crue vertueuse jusqu'à ce qu'ils eussent découvert la fausseté de cette vertu, qui avait produit la liberté de Rome, et qui s'était attiré l'admiration de tant de siècles [152]. Pensez-vous, Monsieur, que Sénèque, qui faisait aller son sage de pair avec les dieux, fût véritablement sage lui-même, et qu'il fût bien persuadé de ce qu'il voulait persuader aux autres ? Son orgueil n'a pu l'empêcher de dire quelquefois qu'*on n'avait point vu dans le monde d'exemple de l'idée qu'il proposait, qu'il était impossible de trouver une vertu si achevée parmi les hommes, et que le plus parfait d'entre eux était celui qui avait le moins de défauts.* Il demeure d'accord que *l'on peut reprocher à Socrate d'avoir eu quelques amitiés suspectes ; à Platon et Aristote, d'avoir été avares ; à Épicure, prodigue et voluptueux ;* mais il s'écrie en même temps que *nous serions trop heureux d'être parvenus à savoir imiter leurs vices* [153]. Ce philosophe aurait eu raison d'en dire autant des siens, car on ne serait pas trop malheureux de pouvoir jouir comme il a fait de toute sorte de biens, d'honneurs et de plaisirs, en affectant de les mépriser; de se voir le maître de l'empire, et de l'empereur, et l'amant de l'impératrice en même temps; d'avoir de superbes palais, des jardins délicieux, et de prêcher, aussi à son aise qu'il faisait, la modération, et la pauvreté, au milieu de l'abondance, et des richesses [154]. Pensez-vous, Monsieur, que ce stoïcien qui contrefaisait si bien le maître de ses passions eut d'autres vertus que celle de bien cacher ses vices, et qu'en se faisant couper les veines il ne se repentit pas plus d'une fois d'avoir laissé à son disciple le pouvoir de le faire mourir ? Regardez un peu de près ce faux brave : vous verrez qu'en faisant de beaux raisonnements sur l'immortalité de l'âme, il cherche à s'étourdir sur la crainte de la mort; il ramasse toutes ses forces pour faire bonne mine; il se mord la langue de peur de dire que la douleur est un mal [155]; il prétend que la raison peut rendre l'homme impassible, et au lieu d'abaisser son orgueil il le relève au-dessus de la divinité. Il nous aurait bien plus obligés de nous avouer franchement les faiblesses et la corruption du cœur humain, que de prendre tant de peine à nous tromper. L'auteur des *Réflexions* n'en fait pas de même : il expose au jour toutes les misères de l'homme. Mais c'est de l'homme abandonné à sa conduite qu'il parle, et non pas du chrétien. Il fait voir que, malgré tous les efforts de sa raison, l'orgueil et l'amour-propre ne laissent pas de se cacher dans les replis de son cœur, d'y vivre et d'y conserver assez de forces pour répandre leur venin sans qu'il s'en aperçoive dans la plupart de ses mouvements.

La seconde difficulté que l'on vous a faite, et qui a beaucoup de rapport à la première, est que *les* Réflexions *passent dans le monde pour des subtilités d'un censeur qui prend en mauvaise part les actions les plus indifférentes, plutôt que pour des vérités solides.* Vous me dites que quelques-uns de vos amis vous ont assuré de bonne foi qu'ils savaient, par leur propre expérience, que l'on fait quelquefois le bien sans avoir d'autre vue que celle du bien, et souvent même sans en avoir aucune, ni pour le bien, ni pour le mal, mais par une droiture naturelle du cœur, qui le porte sans y penser vers ce qui est bon. Je voudrais qu'il me fût permis de croire ces gens-là sur leur parole, et qu'il fût vrai que la nature humaine n'eût que des mouvements raisonnables, et que toutes nos actions fussent naturellement vertueuses; mais, Monsieur, comment accorderons-nous le témoignage de vos amis avec les sentiments des mêmes Pères de l'Église, qui ont assuré [156] *que toutes nos vertus, sans le secours de la foi, n'étaient que des imperfections ; que notre volonté était née aveugle ; que ses désirs étaient aveugles, sa conduite encore plus aveugle, et qu'il ne fallait pas s'étonner si, parmi tant d'aveuglement, l'homme était dans un égarement continuel ?* Ils en ont parlé encore plus fortement, car ils ont dit qu'en cet état *la prudence de l'homme ne pénétrait dans l'avenir et n'ordonnait rien que par rapport à l'orgueil ; que sa tempérance ne modérait aucun excès que celui que l'orgueil avait condamné; que sa constance ne se soutenait dans les malheurs qu'autant qu'elle était soutenue par l'orgueil; et enfin que toutes ses vertus, avec cet éclat extérieur de mérite qui les faisait admirer, n'avaient pour but que cette admiration, l'amour d'une vaine gloire, et l'intérêt de l'orgueil.* On trouverait un nombre presque infini d'autorités sur cette opinion; mais si je m'engageais à vous les citer régulièrement, j'en aurais un peu plus de peine, et vous n'en auriez pas plus de plaisir. Je pense donc que le meilleur, pour vous et pour moi, sera de vous en faire voir l'abrégé dans six vers d'un excellent poète de notre temps :

> Si le jour de la foi n'éclaire la raison,
> Notre goût dépravé tourne tout en poison;
> Toujours de notre orgueil la subtile imposture
> Au bien qu'il semble aimer fait changer de nature;

Et dans le propre amour dont l'homme est revêtu,
Il se rend criminel même par sa vertu [157].

S'il faut néanmoins demeurer d'accord que vos amis
ont le don de cette foi vive qui redresse toutes les mauvaises inclinations de l'amour-propre, si Dieu leur fait des
grâces extraordinaires, s'il les sanctifie dès ce monde, je
souscris de bon cœur à leur canonisation, et je leur déclare
que les *Réflexions morales* ne les regardent point. Il n'y a
pas d'apparence que celui qui les a écrites en veuille à la
vertu des saints; il ne s'adresse, comme je vous ai dit,
qu'à l'homme corrompu : il soutient qu'il fait presque
toujours du mal quand son amour-propre le flatte qu'il
fait le bien, et qu'il se trompe souvent lorsqu'il veut juger
de lui-même, parce que la nature ne se déclare pas en lui
sincèrement des motifs qui le font agir. Dans cet état
malheureux où l'orgueil est l'âme de tous ses mouvements, les saints mêmes sont les premiers à lui déclarer
la guerre, et le traitent plus mal sans comparaison que ne
fait l'auteur des Réflexions. S'il vous prend quelque jour
envie de voir les passages que j'ai trouvés dans leurs
écrits sur ce sujet, vous serez aussi persuadé que je le
suis de cette vérité; mais je vous supplie de vous contenter à présent de ces vers, qui vous expliqueront une partie
de ce qu'ils ont pensé :

Le désir des honneurs, des biens, et des délices,
Produit seul ses vertus, comme il produit ses vices,
Et l'aveugle intérêt qui règne dans son cœur,
Va d'objet en objet, et d'erreur en erreur;
Le nombre de ses maux s'accroît par leur remède;
Au mal qui se guérit un autre mal succède;
Au gré de ce tyran dont l'empire est caché,
Un péché se détruit par un autre péché.

Montaigne, que j'ai quelque scrupule de vous citer
après des Pères de l'Église, dit assez heureusement sur ce
même sujet que son âme a deux visages différents, qu'elle
a beau se replier sur elle-même, elle n'aperçoit jamais
que celui que l'amour-propre a déguisé, pendant que
l'autre se découvre par ceux qui n'ont point de part à ce
déguisement [158]. Si j'osais enchérir sur une métaphore
si hardie, je dirais que l'homme corrompu est fait comme
ces médailles qui représentent la figure d'un saint et celle
d'un démon dans une seule face et par les mêmes traits.
Il n'y a que la diverse situation de ceux qui la regardent

qui change l'objet; l'un voit le saint, et l'autre voit le démon. Ces comparaisons nous font assez comprendre que, quand l'amour-propre a séduit le cœur, l'orgueil aveugle tellement la raison, et répand tant d'obscurité dans toutes ses connaissances, qu'elle ne peut juger du moindre de nos mouvements, ni former d'elle-même aucun discours assuré pour notre conduite. *Les hommes*, dit Horace, *sont sur la terre comme une troupe de voyageurs, que la nuit a surpris en passant dans une forêt : ils marchent sur la foi d'un guide qui les égare aussitôt, ou par malice, ou par ignorance ; chacun d'eux se met en peine de retrouver le chemin ; ils prennent tous diverses routes, et chacun croit suivre la bonne ; plus il le croit, et plus il s'en écarte. Mais quoique leurs égarements soient différents, ils n'ont pourtant qu'une même cause : c'est le guide qui les a trompés, et l'obscurité de la nuit qui les empêche de se redresser* [159]. Peut-on mieux dépeindre l'aveuglement et les inquiétudes de l'homme abandonné à sa propre conduite, qui n'écoute que les conseils de son orgueil, qui croit aller naturellement droit au bien, et qui s'imagine toujours que le dernier qu'il recherche est le meilleur ? N'est-il pas vrai que, dans le temps qu'il se flatte de faire des actions vertueuses, c'est alors que l'égarement de son cœur est plus dangereux ? Il y a un si grand nombre de roues qui composent le mouvement de cet horloge, et le principe en est si caché, qu'encore que nous voyions ce que marque la montre, nous ne savons pas quelle est le ressort qui conduit l'aiguille sur toutes les heures du cadran.

La troisième difficulté que j'ai à résoudre est que *beaucoup de personnes trouvent de l'obscurité dans le sens et dans l'expression de ces réflexions*. L'obscurité, comme vous savez, Monsieur, ne vient pas toujours de la faute de celui qui écrit. Les *Réflexions*, ou si vous voulez les *Maximes* et les *Sentences*, comme le monde a nommé celles-ci, doivent être écrites dans un style serré, qui ne permet pas de donner aux choses toute la clarté qui serait à désirer. Ce sont les premiers traits du tableau : les yeux habiles y remarquent bien toute la finesse de l'art et la beauté de la pensée du peintre; mais cette beauté n'est pas faite pour tout le monde, et quoique ces traits ne soient point remplis de couleurs, ils n'en sont pas moins des coups de maître. Il faut donc se donner le loisir de pénétrer le sens et la force des paroles, il faut que l'esprit parcoure toute l'étendue de leur signification avant que de se reposer pour en former le jugement.

La quatrième difficulté est, ce me semble, que *les Maximes sont presque partout trop générales*. On vous a dit qu'il *est injuste d'étendre sur tout le genre humain des défauts qui ne se trouvent qu'en quelques hommes*. Je sais, outre ce que vous me mandez des différents sentiments que vous en avez entendus, ce que l'on oppose d'ordinaire à ceux qui découvrent et qui condamnent les vices : on appelle leur censure le portrait du peintre, on dit qu'ils sont comme les malades de la jaunisse, qu'ils voient tout jaune parce qu'ils le sont eux-mêmes. Mais s'il était vrai que, pour censurer la corruption du cœur en général, il fallût la ressentir en particulier plus qu'un autre, il faudrait aussi demeurer d'accord que ces philosophes, dont Diogène de Laërce nous rapporte les sentences, étaient les hommes les plus corrompus de leur siècle ; il faudrait faire ce procès à la mémoire de Caton, et croire que c'était le plus méchant homme de la république, parce qu'il censurait les vices de Rome. Si cela est, Monsieur, je ne pense pas que l'auteur des *Réflexions*, quel qu'il puisse être, trouve rien à redire au chagrin de ceux qui le condamneront, quand, à la religion près, on ne le croira pas plus homme de bien, ni plus sage que Caton. Je dirai encore, pour ce qui regarde les termes que l'on trouve trop généraux, qu'il est difficile de les restreindre dans les sentences sans leur ôter tout le sel et toute la force ; il me semble, outre cela, que l'usage nous fait voir que sous des expressions générales l'esprit ne laisse pas de sous-entendre de lui-même des restrictions. Par exemple, quand on dit : *Tout Paris fut au-devant du Roi, toute la cour est dans la joie*, ces façons de parler ne signifient néanmoins que la plus grande partie. Si vous croyez que ces raisons ne suffisent pas pour fermer la bouche aux critiques, ajoutons-y que quand on se scandalise si aisément des termes d'une censure générale, c'est à cause qu'elle nous pique trop vivement dans l'endroit le plus sensible du cœur.

Néanmoins il est certain que nous connaissons, vous et moi, bien des gens qui ne se scandalisent pas de celle des *Réflexions*, j'entends de ceux qui ont l'hypocrisie en aversion, et qui avouent de bonne foi ce qu'ils sentent en eux-mêmes et ce qu'ils remarquent dans les autres. Mais peu de gens sont capables d'y penser, ou s'en veulent donner la peine, et si par hasard ils y pensent, ce n'est jamais sans se flatter. Souvenez-vous, s'il vous plaît, de la manière dont notre ami Guarini traite ces gens-là :

Huomo sono, e mi preggio d'esser humano :
E teco, che sei huomo.
E ch'altro esser non puoi,
Come huomo parlo di cosa humana.
E se di cotal nome forse ti sdegni,
Guarda, garzon superbo,
Che, nel dishumanarti,
Non divenghi una fiera, anzi ch'un dio [160].

Voilà, Monsieur, comme il faut parler de l'orgueil de la nature humaine, et au lieu de se fâcher contre le miroir qui nous fait voir nos défauts, au lieu de savoir mauvais gré à ceux qui nous les découvrent, ne vaudrait-il pas mieux nous servir des lumières qu'ils nous donnent pour connaître l'amour-propre et l'orgueil, et pour nous garantir des surprises continuelles qu'ils font à notre raison ? Peut-on jamais donner assez d'aversion pour ces deux vices, qui furent les causes funestes de la révolte de notre premier père, ni trop décrier ces sources malheureuses de toutes nos misères ?

Que les autres prennent donc comme ils voudront les *Réflexions morales.* Pour moi je les considère comme peinture ingénieuse de toutes les singeries du faux sage ; il me semble que, dans chaque trait, *l'amour de la vérité lui ôte le masque, et le montre tel qu'il est* [161]. Je les regarde comme des leçons d'un maître qui entend parfaitement l'art de connaître les hommes, qui démêle admirablement bien tous les rôles qu'ils jouent dans le monde, et qui non seulement nous fait prendre garde aux différents caractères des personnages du théâtre, mais encore qui nous fait voir, en levant un coin du rideau, que cet amant et ce roi de la comédie sont les mêmes acteurs qui font le docteur et le bouffon dans la farce. Je vous avoue que je n'ai rien lu de notre temps qui m'ait donné plus de mépris pour l'homme, et plus de honte à ma propre vanité. Je pense toujours trouver à l'ouverture du livre quelque ressemblance aux mouvements secrets de mon cœur ; je me tâte moi-même pour examiner s'il dit vrai, et je trouve qu'il le dit presque toujours, et de moi et des autres, plus qu'on ne voudrait. D'abord j'en ai quelque dépit, je rougis quelquefois de voir qu'il ait deviné, mais je sens bien, à force de le lire, que si je n'apprends à devenir plus sage, j'apprends au moins à connaître que je ne le suis pas ; j'apprends enfin, par l'opinion qu'il me donne de moi-même, à ne me répandre pas sottement dans l'admiration de toutes ces vertus dont l'éclat nous saute aux yeux. Les hypocrites passent mal leur temps à la lecture d'un livre comme celui-là. Défiez-vous donc, Monsieur, de ceux qui vous en diront du mal, et soyez assuré qu'ils n'en disent que parce qu'ils sont au désespoir de voir révéler des mystères qu'ils voudraient pouvoir cacher toute leur vie aux autres et à eux-mêmes.

En ne voulant vous faire qu'une lettre, je me suis engagé insensiblement à vous écrire un grand discours; appelez-le comme vous voudrez, ou discours ou lettre, il ne m'importe, pourvu que vous en soyez content, et que vous me fassiez l'honneur de me croire,

MONSIEUR,

Votre, etc.

ARTICLE DE MME DE SABLÉ
DANS LE « JOURNAL DES SAVANTS »
(9 mars 1665) [162]

Une personne de grande qualité et de grand mérite passe pour être auteur de ces *Maximes ;* mais, quelques lumières et quelque discernement qu'il ait fait paraître dans cet ouvrage, il n'a pas empêché que l'on n'en ait fait des jugements bien différents.

L'on peut dire néanmoins que ce traité est fort utile, parce qu'il découvre aux hommes les fausses idées qu'ils ont d'eux-mêmes; qu'il leur fait voir que, sans le christianisme, ils sont incapables de faire aucun bien qui ne soit mêlé d'imperfection, et que rien n'est plus avantageux que de se connaître tel que l'on est en effet, afin de n'être plus trompé par la fausse connaissance que l'on a toujours de soi-même.

Il y a tant d'esprit dans cet ouvrage, et une si grande pénétration pour démêler la variété des sentiments du cœur de l'homme, que toutes les personnes judicieuses y trouveront une infinité de choses fort utiles, qu'elles auraient peut-être ignorées toute leur vie, si l'auteur des *Maximes* ne les avait tirées du chaos, pour les mettre dans un jour où quasi tout le monde les peut voir et les peut comprendre sans peine.

PORTRAIT
DE M.R.D. FAIT PAR LUI-MÊME.[163]

Je suis d'une taille médiocre [164], libre et bien proportionnée. J'ai le teint brun mais assez uni, le front élevé et d'une raisonnable grandeur, les yeux noirs, petits et enfoncés, et les sourcils noirs et épais, mais bien tournés. Je serais fort empêché à dire de quelle sorte j'ai le nez fait, car il n'est ni camus ni aquilin, ni gros ni pointu, au moins à ce que je crois. Tout ce que je sais, c'est qu'il est plutôt grand que petit, et qu'il descend un peu trop en bas. J'ai la bouche grande, et les lèvres asesz rouges d'ordinaire, et ni bien ni mal taillées. J'ai les dents blanches, et passablement bien rangées. On m'a dit autrefois que j'avais un peu trop de menton : je viens de me tâter et de me regarder dans le miroir pour savoir ce qui en est, et je ne sais pas trop bien qu'en juger. Pour le tour du visage, je l'ai ou carré ou en ovale; lequel des deux, il me serait fort difficile de le dire. J'ai les cheveux noirs, naturellement frisés, et avec cela assez épais et assez longs pour pouvoir prétendre en belle tête. J'ai quelque chose de chagrin et de fier dans la mine; cela fait croire à la plupart des gens que je suis méprisante quoique je ne le sois point du tout. J'ai l'action [165] fort aisée, et même un peu trop, et jusques à faire beaucoup de gestes en parlant. Voilà naïvement comme je pense que je suis fait au dehors, et l'on trouvera, je crois, que ce que je pense de moi là-dessus n'est pas fort éloigné de ce qui en est. J'en userai avec la même fidélité dans ce qui me reste à faire de mon portrait; car je me suis assez étudié pour me bien connaître, et je ne manque ni d'assurance pour dire librement ce que je puis avoir de bonnes qualités, ni de sincérité pour avouer franchement ce que j'ai de défauts. Premièrement, pour parler de mon humeur, je suis mélancolique, et je le suis à un point que depuis trois ou quatre ans à peine m'a-t-on vu rire trois ou quatre fois. J'aurais pourtant, ce me semble, une mélancolie assez supportable et assez douce, si je n'en avais point d'autre que celle qui me vient de mon tempérament; mais il m'en vient tant d'ailleurs, et ce qui m'en vient me remplit de telle sorte l'imagination, et m'occupe si fort l'esprit, que la plupart du temps ou je rêve sans dire mot ou je n'ai presque point d'attache à ce que je dis. Je suis fort resserré avec ceux que je ne connais pas, et je ne suis pas même extrêmement ouvert avec la plupart de ceux que je connais. C'est un défaut, je le sais bien, et je ne négligerai rien pour m'en corriger; mais comme un certain air sombre que j'ai dans le visage contribue à me faire paraître encore plus réservé que je ne le suis, et qu'il n'est pas en notre pouvoir de nous défaire d'un méchant air qui nous vient de la disposition naturelle des traits, je pense qu'après m'être corrigé au dedans, il ne laissera pas de me demeurer toujours de mauvaises marques au dehors. J'ai de l'esprit et je ne fais point difficulté de le dire; car à quoi bon façonner là-dessus ? Tant biaiser et tant apporter d'adoucissement pour dire les avantages que l'on a, c'est, ce me semble, cacher un peu de vanité sous une modestie apparente et se servir d'une manière bien adroite pour faire croire de soi beaucoup plus de bien que l'on n'en dit. Pour moi, je suis content qu'on ne me croie ni plus beau que je me fais, ni de meilleure humeur que je me dépeins, ni plus spirituel et plus raisonnable que je dirai que je le suis. J'ai donc de l'esprit, encore une fois, mais un esprit que la mélancolie gâte; car, encore que je possède assez bien ma langue, que j'aie la mémoire heureuse, et que je ne pense pas les choses fort confusément, j'ai pourtant une si forte application à mon chagrin [166] que souvent j'exprime assez mal ce que je veux dire. La conversation des honnêtes gens est un des plaisirs qui me touchent le plus. J'aime qu'elle soit sérieuse et que la morale en fasse la plus grande partie; cependant je sais la goûter aussi quand elle est enjouée, et si je n'y dis pas beaucoup de petites choses pour rire, ce n'est pas du moins que je ne connaisse bien ce que valent les bagatelles bien dites, et que je ne trouve fort divertissante cette manière de badiner où il y a certains esprits prompts et aisés qui réussissent si bien. J'écris bien en prose, je fais bien en vers, et si j'étais sensible à la gloire qui vient de ce côté-là, je pense qu'avec peu de travail je pourrais m'acquérir assez de réputation.

J'aime la lecture en général; celle où il se trouve quelque chose qui peut façonner l'esprit et fortifier l'âme est celle que j'aime le plus. Surtout, j'ai une extrême satisfaction à lire avec une personne d'esprit; car de cette sorte on réfléchit à tous moments sur ce qu'on lit, et des réflexions que l'on fait il se forme une conversation la plus agréable du monde, et la plus utile. Je juge assez bien des ouvrages de vers et de prose que l'on me montre; mais j'en dis peut-être mon sentiment avec un peu trop de liberté. Ce qu'il y a encore de mal en moi, c'est que j'ai quelquefois une délicatesse trop scrupuleuse, et une critique trop sévère. Je ne hais pas à entendre disputer, et souvent aussi je me mêle assez volontiers dans la dispute; mais je soutiens d'ordinaire mon opinion avec trop de chaleur et lorsqu'on défend un parti injuste contre moi, quelquefois, à force de me passionner pour celui de la raison, je deviens moi-même fort peu raisonnable. J'ai les sentiments vertueux, les inclinations belles, et une si forte envie d'être tout à fait honnête homme que mes amis ne me sauraient faire un plus grand plaisir que de m'avertir sincèrement de mes défauts. Ceux qui me connaissent un peu particulièrement et qui ont eu la bonté de me donner quelquefois des avis là-dessus savent que je les ai toujours reçus avec toute la joie imaginable, et toute la soumission d'esprit que l'on saurait désirer. J'ai toutes les passions assez douces et assez réglées : on ne m'a presque jamais vu en colère et je n'ai jamais eu de haine pour personne. Je ne suis pas pourtant incapable de me venger, si l'on m'avait offensé, et qu'il y allât de mon honneur à me ressentir de l'injure qu'on m'aurait faite. Au contraire je suis assuré que le devoir ferait si bien en moi l'office de la haine que je poursuivrais ma vengeance avec encore plus de vigueur qu'un autre. L'ambition ne me travaille point. Je ne crains guère de choses, et ne crains aucunement la mort. Je suis peu sensible à la pitié, et je voudrais ne l'y être point du tout. Cependant il n'est rien que je ne fisse pour le soulagement d'une personne affligée, et je crois effectivement que l'on doit tout faire, jusques à lui témoigner même beaucoup de compassion de son mal, car les misérables sont si sots que cela leur fait le plus grand bien du monde; mais je tiens aussi qu'il faut se contenter d'en témoigner, et se garder soigneusement d'en avoir. C'est une passion qui n'est bonne à rien au-dedans d'une âme bien faite, qui ne sert qu'à affaiblir le cœur et qu'on doit laisser au peuple qui, n'exécutant jamais rien par raison,

a besoin de passions pour le porter à faire les choses.
J'aime mes amis, et je les aime d'une façon que je ne
balancerais pas un moment à sacrifier mes intérêts aux
leurs ; j'ai de la condescendance pour eux, je souffre
patiemment leurs mauvaises humeurs et j'en excuse facilement toutes choses ; seulement je ne leur fais pas beaucoup de caresses, et je n'ai pas non plus de grandes inquiétudes en leur absence. J'ai naturellement fort peu de
curiosité pour la plus grande partie de tout ce qui en
donne aux autres gens. Je suis fort secret, et j'ai moins
de difficulté que personne à taire ce qu'on m'a dit en
confidence. Je suis extrêmement régulier à ma parole ; je
n'y manque jamais, de quelque conséquence que puisse
être ce que j'ai promis et je m'en suis fait toute ma vie une
loi indispensable. J'ai une civilité fort exacte parmi les
femmes, et je ne crois pas avoir jamais rien dit devant
elles qui leur ait pu faire de la peine. Quand elles ont
l'esprit bien fait, j'aime mieux leur conversation que celle
des hommes : on y trouve une certaine douceur qui ne
se rencontre point parmi nous, et il me semble outre cela
qu'elles s'expliquent avec plus de netteté et qu'elles
donnent un tour plus agréable aux choses qu'elles disent.
Pour galant, je l'ai été un peu autrefois ; présentement je
ne le suis plus, quelque jeune que je sois. J'ai renoncé
aux fleurettes [167] et je m'étonne seulement de ce qu'il y a
encore tant d'honnêtes gens qui s'occupent à en débiter.
J'approuve extrêmement les belles passions : elles
marquent la grandeur de l'âme, et quoique dans les
inquiétudes qu'elles donnent il y ait quelque chose de
contraire à la sévère sagesse, elles s'accommodent si bien
d'ailleurs avec la plus austère vertu que je crois qu'on ne
les saurait condamner avec justice. Moi qui connais tout
ce qu'il y a de délicat et de fort dans les grands sentiments
de l'amour, si jamais je viens à aimer, ce sera assurément
de cette sorte ; mais, de la façon dont je suis, je ne crois
pas que cette connaissance que j'ai me passe jamais de
l'esprit au cœur.

PORTRAIT DE LA ROCHEFOUCAULD
PAR LE CARDINAL DE RETZ [168]

  Il y a toujours eu du je ne sais quoi en tout M. de
La Rochefoucauld. Il a voulu se mêler d'intrigue dès son

enfance, et dans un temps où il ne sentait pas les petits
intérêts, qui n'ont jamais été son faible, et où il ne connais-
sait pas les grands, qui d'un autre sens n'ont pas été son
fort. Il n'a jamais été capable d'aucune affaire, et je ne
sais pourquoi, car il avait des qualités qui eussent suppléé
en tout autre celles qu'il n'avait pas. Sa vue n'était pas
assez étendue, et il ne voyait pas même tout ensemble ce
qui était à sa portée. Mais son bon sens, et très bon, dans
la spéculation, joint à sa douceur, à son insinuation et à sa
facilité de mœurs qui est admirable, devait compenser
plus qu'il n'a fait le défaut de sa pénétration. Il a toujours
eu une irrésolution habituelle, mais je ne sais même à
quoi attribuer cette irrésolution; elle n'a pu venir en lui
de la fécondité de son imagination, qui n'est rien moins
que vive; je ne la puis donner à la stérilité de son jugement, car, quoiqu'il ne l'ait pas exquis dans l'action, il a
un bon fonds de raison. Nous voyons les effets de cette
irrésolution quoique nous n'en connaissions pas la cause.
Il n'a jamais été guerrier quoiqu'il fût très soldat; il n'a
jamais été par lui-même bon courtisan quoiqu'il ait eu
toujours bonne intention de l'être; il n'a jamais été bon
homme de parti quoique toute sa vie il y ait été engagé.
Cet air de honte et de timidité que vous lui voyez dans
la vie civile s'était tourné dans les affaires en air d'apologie; il croyait toujours en avoir besoin, ce qui joint à ses
Maximes, qui ne marquent pas assez de foi en la vertu,
et à sa pratique, qui a toujours été de chercher à sortir des
affaires avec autant d'impatience qu'il y était entré, me fait
conclure qu'il eût beaucoup mieux fait de se connaître et
de se réduire à passer, comme il l'eût pu, pour le courtisan le plus poli qui eût paru dans son siècle [169].

NOTES ET VARIANTES

Il ne s'agit, bien entendu, que d'un choix de variantes. Pour disposer d'un apparat critique complet, il faut se reporter à l'édition Garnier.

1. Cette phrase, qui remonte à la 2ᵉ éd., y faisait allusion à la suppression du *Discours* de La Chapelle-Bessé qui avait servi de préface à la première.

2. Placée d'abord dans le corps du recueil, cette maxime est devenue épigraphe avec la 4ᵉ éd.

3. C'est à partir de la 2ᵉ éd. que cette maxime a été placée en tête. La première commençait par le long texte sur l'amour-propre qui forme notre maxime supprimée nº 1.

4. Le ms. de Liancourt ajoute : *La charité a seule le privilège de dire quasi tout ce qui lui plaît et de ne jamais blesser personne.*

5. Toutes les éd. disent *Les hommes*, mais tous les ms. disent *Les Français.*

6. Une lettre de Mme de Sévigné à sa fille (14 juillet 1680) indique que celle-ci avait proposé de retourner cette maxime : *Nous n'avons pas assez de raison pour employer toute notre force.*

7. Texte primitif, attesté par une lettre à Mme de Sablé et par Liancourt : *Le désir de vivre ou de mourir sont des goûts de l'amour-propre dont il ne faut non plus disputer que des goûts de la langue ou du choix des couleurs.*

8. Toutes les versions antérieures à la 2ᵉ éd. disaient : *les ministres.*

9. *Il y a beaucoup de femmes*, disent tous les mss.

10. La faiblesse des pouvoirs des doges étonnait les Français, habitués à la monarchie absolue.

11. *En la plupart des hommes* est une addition de la 2ᵉ éd.

12. Cette maxime, qui date de la 5ᵉ éd., apporte l'ultime pensée de l'auteur sur l'amitié.

13. Liancourt : *L'amitié la plus sainte et la plus sacrée n'est qu'un trafic où nous croyons toujours gagner quelque chose.*

14. L'anecdote de ce fou, nommé Thrasyllos, est rapportée par Athénée et par Élien.

15. Liancourt : *est un tour de l'esprit par lequel il pénètre et conçoit les choses les plus flatteuses, c'est-à-dire celles qui sont le plus capables de plaire aux autres.*

16. Liancourt : *Il y a de jolies choses que l'esprit ne cherche point et qu'il trouve toutes achevées en lui-même, de sorte qu'il semble qu'elles y soient cachées comme l'or et les diamants dans le sein de la terre.*

17. Liancourt : *On peut connaître son esprit, mais qui peut connaître son cœur ?*

18. *Finesse*, dans les *Maximes*, est à prendre presque partout au sens de *ruse.*

19. 1ʳᵉ éd. : *Si on était toujours assez habile, on ne ferait jamais de finesses ni de trahisons.*

20. *Qualité* s'entendait aussi bien des mauvaises dispositions que des bonnes.

21. Fusion de deux maximes de la 1ʳᵉ éd. : *La louange qu'on nous donne sert au moins à nous fixer dans la pratique des vertus*, et : *L'approbation que l'on donne à l'esprit, à la beauté et à la valeur, les augmente, les perfectionne, et leur fait faire de plus grands effets qu'ils n'auraient été capables de faire d'eux-mêmes.*

22. Liancourt et 1ʳᵉ éd. : *Comme il y a de bonnes viandes qui affadissent le cœur, il y a un mérite fade, et des personnes qui dégoûtent avec des qualités bonnes et estimables.*

23. *L'économie* : l'art de les mettre en œuvre.

24. Première forme de cette maxime, d'après une lettre à Mme de Sablé : *On se mécompte toujours quand les actions sont plus grandes que les desseins.*

25. Première rédaction, attestée par une lettre à Jacques Esprit et par Liancourt : *Il n'y a que Dieu qui sache si un procédé net, sincère et honnête est plutôt un effet de probité que d'habileté.*

26. Liancourt : *Notre repentir ne vient point de nos actions, mais du dommage qu'elles nous causent.*

27. Cette maxime se trouve en tête des copies de 1663 et de l'éd. de Hollande.

28. Le prince de Condé.

29. Liancourt ajoute : *parce qu'on songe plus à paraître aux autres qu'à être effectivement ce qu'il faut être.*

30. Liancourt ajoute : *C'est comme un prix dont elles augmentent le leur, c'est enfin un attrait fin et délicat et une douceur déguisée.*

31. Cette maxime se trouve en tête du ms. de Liancourt, avec une variante : *L'enfance* au lieu de *La folie.*

32. C'est-à-dire qui ont conscience de leur niaiserie.

33. Les *vaudevilles* étaient des chansons, souvent satiriques.

34. *Convenir* : se rencontrer, s'accorder.

35. Liancourt : *On est souvent reconnaissant par principe d'ingratitude.*

36. Dans les mss. on lit au contraire *je ne sais* (ou *on ne sait*) *si on peut dire.* — *Symétrie* avait le sens général de *proportion, harmonie.*

37. 1ʳᵉ éd. : *La générosité est un industrieux emploi du désintéressement pour aller plus tôt à un plus grand intérêt.*

38. Les premiers exemplaires de la 1ʳᵉ éd., comme les mss. et l'éd. de Hollande, donnent *aux princes. Jeunes gens* résulte d'une correction en cours de tirage.

39. *Préoccupation* : idée préconçue, parti pris.

40. *Magna anima*, grande âme.

41. *Simplicité* : loyauté.

42. *Hasard* : risque.

43. Supplément de l'éd. de 1693 : *On s'ennuie presque toujours avec ceux que l'on ennuie.*

44. Supplément de l'éd. de 1693 : *Une honnête femme est un trésor caché; celui qui l'a trouvé fait fort bien de ne pas s'en vanter.*

45. Supplément de l'éd. de 1693 : *Quand nous aimons trop, il est malaisé de reconnaître si l'on cesse de nous aimer.*

46. Au texte de l'éd. de 1678, *qu'une sorte d'esprit*, nous préférons celui des *Nouvelles Réflexions* publiées au même moment pour donner, à l'usage des détenteurs de la 4ᵉ éd., les maximes ajoutées par la 5ᵉ. — Segrais prétend que cette maxime aurait visé Boileau et Racine, incapables, déclare-t-il, de parler d'autre chose que de poésie.

47. Ici encore nous préférons le texte des *Nouvelles Réflexions;* la 5ᵉ éd. donne : *quelquefois hardiment à faire des sottises.*

48. Troisième correction du texte de la 5ᵉ éd. au moyen des *Nouvelles Réflexions;* l'éd. donne : *s'appliquer et faire naître.*

49. *Contrariétés* : contradictions.

50. *Supprimer* : passer sous silence.

51. *Honteux* : timide.

52. *J'entends parler* : je veux parler.

53. *S'étonner* : s'épouvanter.

54. 1ʳᵉ, 2ᵉ et 3ᵉ éd. : *ce qui en peut être garanti.*

55. Caton d'Utique, et Brutus, le meurtrier de César.

56. Ce long développement a servi de conclusion au recueil dès la première édition.

57. Les éditions de la fin du XIXᵉ siècle et du XXᵉ numérotent généralement ces maximes, à l'exemple de celle des Grands Écrivains de la France, à partir de 563, et les présentent dans un autre ordre. Voir le tableau de concordance dans notre *Note sur le texte*.

58. Ce morceau avait été publié (avec des variantes) dès la fin de 1659, anonymement, dans la 3ᵉ partie d'un recueil procuré par Ch. de Sercy, le *Recueil de pièces en prose, les plus agréables de ce temps, composées par divers auteurs;* il y était précédé d'un billet de l'amour-propre lui-même à une demoiselle en laquelle on a récemment reconnu Mlle d'Épernon, religieuse carmélite (article de Jacqueline Plantié, *R.H.L.F.*, 1971/4). Voir éd. Garnier, p. 133.

59. Liancourt : *Tout le monde est plein de pelles qui se moquent des fourgons.* (C'est bien une variante de la maxime supprimée 5, car cette dernière lui a été substituée en même place dans les copies de 1663, pour exprimer moins familièrement la même idée.)

60. On appelait *courses* les expéditions des corsaires.

61. Liancourt : *La justice, dans les bons juges qui sont modérés, n'est que l'amour de l'approbation; dans les ambitieux, c'est l'amour de leur élévation.*

62. Souvenir évident de Montaigne : « De quoi se fait la plus subtile folie, que de la plus subtile sagesse ? » (*Essais*, II, 12).

63. Liancourt : *Peu de gens sont cruels de cruauté, mais tous les hommes sont cruels et inhumains d'amour-propre.*

64. Liancourt : *Dieu seul fait les gens de bien et on peut dire de toutes nos vertus ce qu'un poète a dit de l'honnêteté des femmes : « L'essere honesta non é se non un arte di parer honesta. »* — Texte voisin dans la 1ʳᵉ éd., mais sans parler de Dieu. — Ce poète est Guarini (*Pastor fido*, III, 5); traduction de la citation : *Être honnête n'est qu'un art de paraître honnête.*

65. Les mss. disent tous, plus catégoriquement, *La vertu.*

66. *En effet :* en réalité.

67. Curieuses hésitations autour de cette maxime : les mss. de Liancourt et Barthélemy et les copies de 1663 disaient au contraire *plaire.*

68. *Rémore :* petit poisson qui se fixe par une sorte de ventouse à de grands poissons ou aux coques des vaisseaux; d'où la légende, répandue dès l'Antiquité, selon laquelle il aurait été capable d'arrêter les navires.

69. *Bonace :* calme plat.

70. Les éditions de la fin du XIXᵉ siècle et du XXᵉ numérotent généralement ces maximes, à l'exemple de celle des Grands Écrivains de la France, à partir de 505, et les présentent dans un autre ordre. Voir le tableau de concordance dans notre *Note sur le texte*.

71. *Traités :* négociations.

72. Lettre à Jacques Esprit (probablement 1662).

73. Les maximes posthumes 28, 29 et 30 ont été adressées par l'auteur à Mme de Sablé en 1667.

74. Lettre à Mme de Rohan, abbesse de Malnoue, dans la période 1671-1674.

75. L'authenticité de la maxime posthume 32 est garantie par les

copies de 1663; mais rien ne garantit celle des n°s 33 et 34, qui ne se trouvent que dans l'éd. de Hollande.

76. Adressée par l'auteur à Ninon de Lenclos, cette maxime nous est parvenue par l'intermédiaire de Saint-Évremond (Des Maizeaux, *Vie de Saint-Évremond*, éd. de 1711, p. 353).

77. Les n°s 60 et 61 proviennent des *Mémoires anecdotes* de Segrais (*Œuvres diverses de M. Segrais*, Amsterdam, 1723, t. I, p. 90 et 99-100). Elles y sont introduites par la formule *Monsieur de La Rochefoucauld disait que;* à la place de *n'est*, dans le n° 61, on lit *n'était (que l'honnêteté n'était)*.

78. *Comme aussi*, qui manque dans le ms. 325 *bis*, est restitué d'après Gilbert.

79. Ces deux généraux tinrent Annibal en échec en Italie au cours de la 2e guerre punique.

80. *Pite :* quart de denier. — Souvenir de l'Évangile (Marc, XII, 42-44, et Luc, XXI, 1-4).

81. L'anecdote de l'enfant semble un vague souvenir de Quintilien, qui parle d'une condamnation semblable prononcée par l'Aréopage contre un enfant qui avait crevé les yeux à des cailles. — Philippe II d'Espagne était soupçonné d'avoir fait empoisonner son fils don Carlos.

82. Le fils de La Rochefoucauld avait épousé Mlle de Liancourt, héritière de ce château. Quant à Chantilly, c'était la demeure des Condé.

83. La fin de l'alinéa, depuis *Combien de lieutenants*, est barrée sur le ms. Gilbert et manque dans le ms. 325 *bis*.

84. *Se préférer :* préférer son honneur, ce qu'on se doit à soi-même.

85. Cette réflexion est barrée sur le ms. Gilbert et manque dans le ms. 325 *bis*.

86. *La ligne :* l'Équateur. — Sur *bonace*, voir la note 69.

87. Atticus : ami de Cicéron, destinataire d'une grande partie de ses lettres.

88. *Frontières :* voisines.

89. Par *comédie*, il faut entendre le théâtre en général.

90. Réflexion à rattacher à la vogue de la science de la physionomie : traduction, en 1655, par Rault, du *De humana physiognomonia* de Porta; conférence, en 1671, de Le Brun. Porta et Le Brun mettaient en rapport hommes et animaux. Bien entendu, il faut penser aussi à La Fontaine.

91. *Ravissants :* qui capturent des proies.

92. *Lévriers d'attache :* les lévriers du nord, les plus forts, que l'on employait pour chasser les animaux les plus dangereux (loups, sangliers).

93. Allusion à la *poudre de vipère*, remède dont il est souvent question dans la correspondance de l'auteur avec Mme de Sablé.

94. *Crapule :* débauche grossière.

95. *Privés :* domestiques.

96. Même remarque que pour la réflexion VI; voir la note 85.

97. *Pourpre* se disait de diverses maladies éruptives.

98. *Étiques :* qui produisaient l'*étisie*, c'est-à-dire un amaigrissement extrême.

99. Plutarque raconte qu'on invita Alexandre à prendre part à une course aux jeux Olympiques : « Oui bien, répondit-il, si c'étaient rois qui y courussent » (*Vie d'Alexandre le Grand*, chap. VII, trad. Amyot).

100. La mère de Brutus, Servilia, avait été la maîtresse de César, et Appien note dans ses *Guerres civiles* (II, 112), que « Brutus passait pour le fils de César ». Mais, pour des raisons de dates, les historiens ne retiennent guère cette hypothèse.

101. Caton d'Utique.

102. Voir la note 28.

103. Rien à voir avec l'esprit de finesse selon Pascal; voir la note 18.

104. *Les amusent :* les occupent, leur font passer le temps.

105. La reine d'Espagne est Élisabeth (ou *Isabelle*), épouse de Philippe IV; la duchesse de Savoie est Christine, épouse de Victor-Amédée Ier; la reine d'Angleterre est Henriette-Marie, épouse de Charles Ier.

106. Henri de Joyeuse, devenu en religion le Père Ange.

107. Il s'agit de la conjuration de 1640, qui rétablit l'indépendance du Portugal (réuni à l'Espagne depuis 1580), et plaça sur le trône le duc de Bragance, sous le nom de Jean IV. Le principal des conjurés était Pinto Ribeiro, secrétaire du duc.

108. Par *Indes*, il faut entendre les territoires d'outre-mer dans leur acception la plus large, tant dans le Nouveau que dans l'Ancien Monde.

109. En fait seize (1640-1656).

110. La Grande Mademoiselle. *Petite-fille de France* signifie : petite-fille d'un roi de France (Henri IV). — L'alinéa qui la concerne n'existe que dans le ms. 325 *bis*.

111. Voir la note 28.

112. Marguerite de Lorraine, veuve de Gaston d'Orléans et belle-mère de la Grande Mademoiselle (celle-ci était née d'un premier mariage du duc).

113. Dont le mariage avec le roi avait été cassé.

114. Cet épisode se place en 1647. *Masaniello* est l'abréviation de *Tomaso Aniello.*

115. *Partisan :* « un financier, un homme qui fait des traités, des partis avec le roi, qui prend ses revenus à ferme, le recouvrement des impôts » (Furetière).

116. En fait il ne mourut pas de cette *frénésie* (dont on a dit qu'elle avait été causée par un poison); il fut assassiné.

117. Christine de Suède. Son abdication, en 1654, avait été moins volontaire que ne le dit La Rochefoucauld.

118. Casimir V, appelé aussi Jean-Casimir (1648-1668), de la maison de Vasa comme Christine de Suède.

119. Il s'agit, bien entendu, de Cromwell.

120. En 1674 Guillaume d'Orange avait fait déclarer le stathoudérat héréditaire dans sa famille.

121. Jean de Witt, massacré en 1672 au cours d'une émeute fomentée par les orangistes.

122. Il s'agit de Léopold Ier, empereur depuis 1657.

123. C'est en 1677 que Charles II, dont l'alliance avec la France était très mal vue du Parlement, changea de politique et maria sa nièce Marie à Guillaume d'Orange.

124. *Ses exemples domestiques :* les exemples qu'il avait dans sa propre famille (allusion à la révolution qui avait renversé et décapité son père).

125. Allusion aux traités de Nimègue (1678).

126. Thomas Osborne, comte de Danby.

127. Victoire du duc d'Orléans sur Guillaume d'Orange (1677).

128. De fait une alliance anglo-hollandaise fut signée en janvier 1678.

129. *Fable :* mythologie.

130. Écho de l'émotion soulevée par les crimes et le procès de la marquise de Brinvilliers.

131. *Foi* signifie ici *mauvaise foi.*

132. Il s'agit de quatre fragments historiques que l'on trouve à la fin du manuscrit 325 *bis*, faisant directement suite aux *Événements de*

ce siècle. Le second, le *Portrait du cardinal de Retz*, est connu par ailleurs (voir la note 136), mais les trois autres ne sont connus que par cette source.

133. Étourderie : elle s'appelait Françoise-Athénaïs ; Diane était le prénom de sa mère.

134. Julie d'Angennes, fille de la marquise de Rambouillet, qui avait épousé le duc de Montausier ; elle avait été nommée en 1664 première dame d'honneur de la reine en remplacement de Mme de Navailles, dont la sévérité avait gêné les amours du roi.

135. La Vallière prit l'habit en 1674, et fit profession l'année suivante ; en dépit des insinuations de La Rochefoucauld, sa vocation semble avoir été réelle et profonde.

136. Ce portrait a été publié pour la première fois, sous une forme très proche de celle-ci, par le chevalier Perrin dans le tome III des lettres de Mme de Sévigné (1754), car la marquise l'avait envoyé à sa fille (19 juin 1675) ; quelques jours plus tard (3 juillet), elle lui racontait qu'elle l'avait montré au cardinal et qu'il en avait été très satisfait. Si beau joueur qu'il pût être, cette satisfaction ne peut manquer de surprendre. Or André Bertière a récemment mis au jour (*R.H.L.F.*, 1959/3) une tout autre version publiée en septembre 1717 dans le *Nouveau Mercure* sous le titre *Caractère du cardinal de Retz ;* cette version, beaucoup plus favorable à Retz, a les plus grandes chances d'être celle dont Mme de Sévigné fait état. Voir éd. Garnier, p. 243-244.

137. En juin 1675 (date de composition du portrait, d'après les lettres de Mme de Sévigné mentionnées dans la note précédente), Retz venait d'écrire au pape pour lui offrir sa démission de cardinal (elle sera refusée) ; il donnait sa vaisselle pour payer ses créanciers, renvoyait ses domestiques et se préparait à gagner le monastère de Saint-Mihiel.

138. Eustache du Lys, évêque de Nevers.

139. Guichard Déageant de Saint-Marcellin, qui participait aux intrigues du duc de Luynes.

140. L'exil de Richelieu en Avignon dura d'avril 1618 à avril 1619. La retraite de Marie de Médicis à Blois est antérieure (mai 1617) ; Richelieu l'avait accompagnée.

141. Victoire de l'armée royale sur celle de la Reine Mère (août 1620).

142. Henri de Lorraine, comte d'Harcourt (1601-1666). La Rochefoucauld ne l'aimait pas parce que pendant la Fronde il s'était battu contre Condé.

143. Cf. le parallèle de Condé et de Turenne contenu dans la réflexion XIV.

144. Série de victoires remportées sur les Espagnols de 1637 à 1643.

145. C'est le libraire qui est censé s'adresser au lecteur.

146. Le *Discours sur les Réflexions ou Sentences et Maximes morales* qui suit, à la fin duquel on peut lire : « Appelez-le comme vous voudrez, ou discours ou lettre, il ne m'importe. »

147. Sur ce discours, œuvre de La Chapelle-Bessé, publié dans la 1re éd. et supprimé dès la 2e, voir l'Introduction.

148. On n'aurait pu désigner plus clairement La Rochefoucauld.

149. Une note marginale donnait le texte latin (*Annales*, XVI, 18). Il s'agit de Pétrone. La Chapelle traduit librement.

150. Citation, légèrement inexacte, de la *Jérusalem délivrée* (chant XVI, strophe 10). On ignore quel est le *poète français* cité ensuite.

151. Ces *difficultés* reflètent assez fidèlement des critiques formulées par les lecteurs des copies de 1663.

152. Allusion à un passage de saint Augustin (*Cité de Dieu*, I, 19).

153. Une longue note marginale donne, approximativement,

quelques passages (en latin) de Sénèque, empruntés aux *Lettres à Luci-lius*, au *De Tranquillitate animi* et au *De Vita beata*.

154. Une note marginale donne (en latin) un passage des *Annales* (XIV, 52) où Tacite rapporte, sans d'ailleurs les prendre à son compte, ces accusations contre Sénèque.

155. Une note marginale rappelle, inexactement, la citation par Sénèque (*Lettres à Lucilius*, LXVI, 18) de la phrase d'Épicure sur le sage qui s'écrierait, dans le taureau brûlant de Phalaris, que c'est une chose douce et qu'il ne sent rien.

156. Ce qui suit est une sorte de centon de réminiscences de saint Augustin; l'auteur ne donne pas de références.

157. Pour cette citation et pour la suivante, des notes marginales renvoient aux *Entretiens solitaires* de Brébeuf (Rouen, 1660); on y trouve en effet ces vers, mais sous une forme sensiblement différente.

158. L'auteur prend ici de très grandes libertés avec le passage des *Essais* (II, 1) où Montaigne parle, dans un tout autre esprit, des deux *visages* de son âme.

159. Une note marginale cite en latin les vers d'Horace (*Satires*, II, 3, v. 48-51) dont La Chapelle vient de donner une adaptation très libre.

160. Une note marginale donne la référence : *Pastor fido*, acte I, sc. 1; voici la traduction des vers de Guarini, tels que La Chapelle les cite (citation infidèle) : « Je suis homme, et je me vante de l'être; et avec toi qui es homme, et qui ne peux être autre chose, en tant qu'homme je parle d'une chose humaine; et si peut-être tu ne tires pas fierté de ce nom, prends garde, jouvenceau orgueilleux, qu'en te déshumanisant tu ne deviennes une bête au lieu d'un dieu. » — La même note rappelle ensuite le fameux vers de Térence (*Heautontimoroumenos*, 77), *Homo sum; humani nihil a me alienum puto* (je suis homme; j'estime que rien d'humain ne m'est étranger).

161. C'est exactement ce que représentait le frontispice des *Maximes*, qui faisait apparaître le nom de ce *faux sage : Seneca*.

162. Avant de faire paraître (anonymement) cet article, Mme de Sablé en avait soumis le projet à La Rochefoucauld. La lettre d'envoi à ce dernier est conservée, ainsi que trois états différents du projet (édition Garnier, p. 580-582); ils permettent de constater que La Rochefoucauld a demandé d'importantes modifications.

163. Publié en 1659 au tome II d'un *Recueil des Portraits et Éloges en vers et en prose dédié à Son Altesse Royale Mademoiselle* (chez Sercy et Barbin).

164. *Médiocre :* moyenne (sans rien de péjoratif).

165. *L'action :* les gestes.

166. *Chagrin :* humeur triste, mélancolique.

167. *Fleurettes :* compliments galants.

168. Mémoires du cardinal (B.N., ms. fr. 10325, fol. 736-739).

169. A la suite de la dernière phrase se lisent encore ces mots barrés : *et pour le plus honnête homme à l'égard de la vie commune.*

INDEX

Les abréviations *Max.*, *MS*, *MP* et *Réfl.* renvoient respectivement aux *Maximes* (édition de 1678), aux *Maximes supprimées*, aux *Maximes posthumes* et aux *Réflexions diverses.*

115, 117, 118, 127, 129, 282.
335, 373, 395, 434. V. *déguise-*
ment, duperie, finesse.

VALEUR. Max. 1, 150, 213, 214,
215, 216, 220, 365. MS 40.
V. *bravoure, courage, vertu.*
VANITÉ, VANTARDISE, Max. 16,
24, 27, 33, 137, 141, 158, 200,
220, 232, 233, 239, 263, 307,
388, 389, 424, 425, 443, 446,
467, 483, 504. MS 35, 38.
MP 6, 34, 37. Réfl. 5, 12, 15,
18. V. *gloire.*
VÉRITÉ. Max. 64, 282, 315, 366,
458. MS 49. MP 11. Réfl. 1, 16.
V. *sincérité.*
VERTUS. Épigraphe. Max. 1, 25,
150, 169, 171, 182, 183, 186,

187, 189, 200, 218, 220, 253,
266, 354, 358, 380, 388, 398.
445, 489, 504. MS 28, 31, 33,
34. MP 3, 7, 13, 49. Réfl. 7.
VICES. Épigraphe. Max. 182, 186,
187, 189, 191, 192, 195, 218,
253, 273, 380, 441. MS 28.
MP 33. Réfl. 7, 19.
VIE. Max. 182, 213, 214, 266.
MS 1. Réfl. 9. V. *âges de la vie,*
mort.
VIEILLESSE, VIEILLARDS, VIEILLES
FEMMES. Max. 93, 109, 112,
210, 222, 341, 408, 416, 418,
423, 430, 444, 461. MP 59.
Réfl. 9, 18.
VIOLENCE. Max. 363, 369, 381.
VIVACITÉ. Max. 416. Réfl. 16,
17.

TABLE DES MATIÈRES

TEXTES COMPLÉMENTAIRES

ARISTOTE
Petits Traités d'histoire naturelle (979)
Physique (887)

AVERROÈS
L'Intelligence et la pensée (974)
L'Islam et la raison (1132)

BERKELEY
Trois Dialogues entre Hylas et Philonous (990)

CHÉNIER (Marie-Joseph)
Théâtre (1128)

COMMYNES
Mémoires sur Charles VIII et l'Italie, livres VII et VIII (bilingue) (1093)

DÉMOSTHÈNE
Philippiques, suivi de **ESCHINE**, Contre Ctésiphon (1061)

DESCARTES
Discours de la méthode (1091)

DIDEROT
Le Rêve de d'Alembert (1134)

DUJARDIN
Les lauriers sont coupés (1092)

ESCHYLE
L'Orestie (1125)

GOLDONI
Le Café. Les Amoureux (bilingue) (1109)

HEGEL
Principes de la philosophie du droit (664)

HÉRACLITE
Fragments (1097)

HIPPOCRATE
L'Art de la médecine (838)

HOFMANNSTHAL
Électre. Le Chevalier à la rose. Ariane à Naxos (bilingue) (868)

HUME
Essais esthétiques (1096)

IDRÎSÎ
La Première Géographie de l'Occident (1069)

JAMES
Daisy Miller (bilingue) (1146)
Les Papiers d'Aspern (bilingue) (1159)

KANT
Critique de la faculté de juger (1088)
Critique de la raison pure (1142)

LEIBNIZ
Discours de métaphysique (1028)

LONG & SEDLEY
Les Philosophes hellénistiques (641 à 643), 3 vol. sous coffret (1147)

LORRIS
Le Roman de la Rose (bilingue) (1003)

MEYRINK
Le Golem (1098)

NIETZSCHE
Par-delà bien et mal (1057)

L'ORIENT AU TEMPS DES CROISADES (1121)

PLATON
Alcibiade (988)
Apologie de Socrate. Criton (848)
Le Banquet (987)
Philèbe (705)
Politique (1156)
La République (653)

PLINE LE JEUNE
Lettres, livres I à X (1129)

PLOTIN
Traités I à VI (1155)
Traités VII à XXI (1164)

POUCHKINE
Boris Godounov. Théâtre complet (1055)

RAZI
La Médecine spirituelle (1136)

RIVAS
Don Alvaro ou la Force du destin (bilingue) (1130)

RODENBACH
Bruges-la-Morte (1011)

ROUSSEAU
Les Confessions (1019 et 1020)
Dialogues. Le Lévite d'Éphraïm (1021)
Du contrat social (1058)

SAND
Histoire de ma vie (1139 et 1140)

SENANCOUR
Oberman (1137)

SÉNÈQUE
De la providence (1089)

MME DE STAËL
Delphine (1099 et 1100)

THOMAS D'AQUIN
Somme contre les Gentils (1045 à 1048), 4 vol. sous coffret (1049)

TRAKL
Poèmes I et II (bilingue) (1104 et 1105)

WILDE
Le Portrait de Mr. W.H. (1007)

GF Flammarion

09/08/148830-VIII-2009 – Impr. MAURY Imprimeur, 45330 Malesherbes.
N° d'édition L.01EHPNFG0288.C013. – 1er trimestre 1977. – Printed in France.